Selene Castro

# Ih, casei!

**GUIA PRÁTICO PARA RECÉM-CASADOS**

EDITORA
Labrador

Copyright © 2020 de Selene de Castro S. Silva
Todos os direitos desta edição reservados à Editora Labrador.

**Coordenação editorial**
Pamela Oliveira

**Projeto gráfico, diagramação e capa**
Felipe Rosa

**Assistência editorial**
Gabriela Castro

**Preparação de texto**
Leonardo Dantas do Carmo

**Revisão**
Marília Courbassier Paris

**Fotos de capa e miolo:**
Denise Rocha Sundfeld
@deniserocha.photo

**Modelos:**
Caroline de Castro Sonnewend
@carolcsonne

Rafael Sonnwend
@rafael_sonne

Dados Internacionais de Catalogação na Publicação (CIP)
Angelica Ilacqua – CRB-8/7057

---

Silva, Selene de Castro S.
  Ih, casei! : guia prático para recém-casados / Selene de Castro S. Silva. – São Paulo : Labrador, 2020.
  96 p.

ISBN 978-65-5625-078-6

1. Economia doméstica 2. Lar – Administração I. Título

20-2677                                                                                     CDD 640

---

Índice para catálogo sistemático:
1. Economia doméstica

**EDITORA Labrador**

---

**Editora Labrador**
Diretor editorial: Daniel Pinsky
Rua Dr. José Elias, 520 – Alto da Lapa
05083-030 – São Paulo – SP
+55 (11) 3641-7446
contato@editoralabrador.com.br
www.editoralabrador.com.br
facebook.com/editoralabrador
instagram.com/editoralabrador

A reprodução de qualquer parte desta obra é ilegal e configura uma apropriação indevida dos direitos intelectuais e patrimoniais do autor.

A editora não é responsável pelo conteúdo deste livro.
O autor conhece os fatos narrados, pelos quais é responsável, assim como se responsabiliza pelos juízos emitidos.

# SUMÁRIO

Agradecimentos ..................................................................5
Prefácio ..............................................................................7
Introdução.........................................................................9
Desapego, antes de tudo ................................................ 11
Regras da boa convivência ............................................. 13
Conhecendo a rotina e as necessidades da casa .......20
Lavando roupas ..............................................................26
Passando roupas ............................................................30
Limpeza dos banheiros .................................................33
Limpeza dos quartos .....................................................39
Limpeza da sala .............................................................45
Limpeza da cozinha .......................................................49
Organizando a despensa ...............................................59
Refeições ........................................................................64
Planejamento financeiro ...............................................81
Lazer e diversão.............................................................83

**EXTRAS** .................................................................. 86
    Lista de utensílios domésticos ............................... 87
    Lista de supermercado ............................................ 90
    Planilha de despesas ............................................... 92
    Planilha de tarefas diárias ..................................... 94

# Agradecimentos

Agradeço a Deus por me conceder o dom da vida, por conduzir os meus caminhos e as minhas escolhas, por ser sempre presença viva em todo meu ser; aos meus pais, Paulo (*in memoriam*) e Helena, que me mostraram de forma simples a melhor maneira de ser feliz; que me ensinaram o verdadeiro valor das pessoas, que se sobrepõe ao valor das coisas. Com muitos sacrifícios e dedicação, me fizeram ser o que hoje sou.

Aos meus irmãos – Délia, Paulo Júnior, Décio, Antonio Carlos, Adriana e Ana Paula –, que sempre estiveram ao meu lado em todas as situações, que superaram comigo todos os obstáculos vividos e hoje são fontes de inspiração. Ao meu esposo, Genivaldo, que me fez acreditar que sou capaz de crescer, de aprender, de ir além dos meus limites; que viveu comigo as maiores emoções, os momentos mais difíceis, porém, de mais crescimento interior.

Aos meus filhos (e seus cônjuges) – Caroline (e Rafael), Gean Kleverson (e Carolina) e Juninho –, que sempre estimularam minha criatividade e sempre foram a razão maior da minha luta e da minha felicidade. Aos meus netos – Theo, Antônio, Leonardo e Romana –, que iluminam os meus dias, tornando-os mais felizes, mais cheios de vida e de frescor. E à Maria Helildes, filha do coração, que na adolescência veio para nossa companhia e me ajudou a colocar em prática todas as ideias de organização e serviço; tornou-se meu braço direito, e esquerdo também! Agradeço também às muitas amigas, que são irmãs que Deus me deu!

# Prefácio

Foi com imensa alegria que recebi o convite de prefaciar este livro, já que tenho certeza da capacidade e da dedicação da autora, o que seguramente faz desta uma verdadeira obra-prima. Portanto, este prefácio revelou-se para mim mais do que uma tarefa: um verdadeiro presente. Oportunidade ímpar de verbalizar o amor e a admiração que cultivo pela autora desde os tempos de criança.

Selene é uma dessas pessoas que nasceu para casar-se e constituir uma família! A dedicação ao cuidado é uma marca sua: cuidado consigo, com o esposo, com os filhos, com a casa, com a sua fé, com as pessoas e até mesmo com os negócios.

Ao sair de casa muito jovem para casar-se, sem ter concluído a faculdade, sem saber dirigir, sem saber costurar ou cozinhar, sem saber atividades básicas da rotina diária, tornou-se hoje exímia esposa, mãe, professora, técnica contabilista, avó, filha, costureira, administradora – são tantas atividades, pelo simples fato de não se prender a crenças limitantes. Seu único questionamento válido parece ser: o que eu quero começar hoje?

Sabe aquelas pessoas que não aceitam um "não"? *Não sei*, *não posso* são expressões que não fazem parte de sua vida. Desafiar-se sempre foi possível para ela e vejo este livro como expressão dessa coragem.

Após ler o livro, pude constatar que se trata de uma obra que transcreve em palavras a realidade do seu dia a dia. As palavras aqui colocadas ilustram a maturidade experienciada por ela, abrangendo tanto as pequenas vicissitudes do trato diário como os grandes dilemas advindos das relações familiares, agora potencializados com a vida conjugal e o que dela provém.

Essa experiência transformadora, o casamento, traz consigo uma nova forma de viver a vida. Seu bom funcionamento depende, na maioria das vezes, de (re)aprender atitudes e tarefas rotineiras, bem como da maneira de pensar o futuro, agora a dois.

Não se trata, o livro, de um manual de instruções, mas aqui os recém-casados encontrarão orientações desde como manter a organização da casa e preparar receitas, a como relacionar-se bem com o cônjuge. Conselhos práticos não apenas sugestivos, mas vivenciados e testados no cotidiano da autora, os quais indubitavelmente serão de grande auxílio nesta nova fase da vida.

Encorajo o leitor a embarcar nessa leitura fácil e capacitante, deixando-se envolver pela satisfação de ver as coisas sendo (bem) realizadas, e adquirindo, tal qual a autora, a capacidade magistral de transformar tarefas simples e cotidianas num verdadeiro legado de amor à família.

Perseverança e disciplina são características essenciais ao sucesso, e serão encontradas nos conselhos práticos desta obra, capaz de organizar e direcionar a vida diária, proporcionando tempo e oportunidades para novos desafios. Deixe-se experimentar, e perceberá que também VOCÊ é capaz de grandiosas coisas, a partir de pequenos passos!

Aliás, degustar a leitura desta obra já é um passo brilhante. Não importa se você acabou de se casar ou se já tem uma vida conjugal consolidada no tempo – o fato de absorver esta obra lhe torna diferenciado e especial, comprometido com a melhoria de sua vida e dos seus. Meus parabéns e... aproveite a leitura!

***Délia Maria de Castro e Leão***

# Introdução

O casamento é um sonho sonhado junto, mas também um grande desafio. Geralmente se espera viver sonhando todos os dias, mesmo após ele ter se realizado. Até você perceber que será preciso abrir os olhos e enxergar os próximos passos. Seu comportamento e suas atitudes darão a direção em que ele caminhará, por isso é muito importante que você comece do jeito certo. Poder estar infinitamente com a pessoa que a gente ama é um estímulo para se adequar com sabedoria a essa nova realidade. Não pense que você se casou para transformá-lo(a) na pessoa que deseja – isso seria continuar sonhando. Deve haver um desejo mútuo de ser o melhor para o outro.

Além dos cuidados com o relacionamento no dia a dia, vem também a parceria nas tarefas rotineiras e no planejamento financeiro do casal. Todas essas questões serão abordadas, no intuito de elucidar soluções simples, mas que precisam de dedicação e desejo de viver um casamento equilibrado.

Casei-me muito jovem, aos 19 anos. Meu então noivo, Genivaldo, tinha 21. Tivemos três lindos filhos: Caroline, Genivaldo Júnior e Gean Kleverson.

Quando me casei, senti muitas dificuldades em lidar com a rotina da casa, de esposa, dos estudos e do relacionamento conjugal. Com o passar do tempo, adquiri habilidades na organização da casa e passei a fazer planejamento de tarefas, assim como também desenvolvi formas simples, porém efetivas, de colocá-las em prática. Sempre olhei para as tarefas que precisavam ser feitas e pensava: de que maneira posso torná-las mais apreciáveis aos olhos, mais fáceis de serem feitas e que tivessem um bom resultado? Sempre gostei de ver minha cozinha limpa e organizada, assim como toda minha casa, mas também com um toque de beleza e sofisticação.

Minhas irmãs, Délia e Ana Paula, milha filha Caroline, minha sobrinha Silvyanne e algumas amigas, observando minha forma de organização, passaram a pedir que eu fizesse planejamentos para suas casas. Isso me estimulava a aprender mais sobre o assunto e a dar sempre o meu melhor.

Um pouco antes do meu filho caçula, Gean, se casar com a Carolina, fiquei pensando como, ainda tão jovens, conseguiriam lidar com todas as responsabilidades assim como eu e meu marido tivemos que lidar. E fiquei pensando nos muitos jovens que ainda passam por essa situação.

Refletindo sobre tudo isso, resolvi escrever este livro, em que mostrarei alternativas e caminhos que facilitarão o dia a dia daqueles que iniciarão essa nova jornada: o casamento.

# Desapego, antes de tudo

Desapegar significa "não se apegar" excessivamente às coisas. Libertar-se do excesso que oprime; liberar espaço, dar leveza à vida, encontrar o equilíbrio.

Antes de se casar, cada um possuía os seus próprios pertences (roupas, calçados, objetos estimados, livros etc.) e, às vezes, um quarto inteirinho para si. Ao se casar, a divisão começa justamente pelo quarto (espaço no armário, nas gavetas, no banheiro), por isso mesmo é necessário desapegar de tudo aquilo que não usa ou que já substituiu por novos. Se você olhar bem, perceberá que muita coisa poderá ser descartada.

> **IMPORTANTE!**
> Lembre-se de que começará uma vida a dois, e um precisará pensar no outro como sua metade, aquele que lhe completa e que, assim, precisa de espaço tanto quanto você.

Então, comece separando aquelas roupas que você sempre acha que um dia vai usar, e isso nunca acontece. Separe também aquelas que você não usa há mais de um ano, mesmo as de inverno. Faça o mesmo com calçados, bijuterias, bolsas e demais acessórios. Observe também livros, materiais escolares e/ou de trabalho, bichinhos de pelúcia, bonecas, mimos que ganhou e que preenchem prateleiras, enfim, tudo aquilo que perceber não ser mais necessário na sua nova vida.

Com todas essas coisas você pode beneficiar muitas outras pessoas que podem estar precisando. Veja em creches, asilos e também em igrejas – diversas instituições recebem todo tipo de doação. Além de abrir espaço para sua nova fase, você ainda se sentirá melhor fazendo uma boa ação. Ao final, você perceberá que precisa de muito menos para viver bem!

# Regras da boa convivência

É importante pensar que a partir do momento em que se casa, você dividirá com alguém todas as suas particularidades. Isso quer dizer que um conhecerá as reais qualidades e defeitos do outro.

No início não é tão fácil, mas aos poucos um vai se acostumando com a forma de ser do outro e se adequando a essa nova realidade. Não existe uma fórmula mágica para o "viveram felizes para sempre"; existe, sim, uma predisposição para fazer dar certo. Resiliência, compreensão, paciência e otimismo são características fundamentais num relacionamento. Em muitos momentos haverá necessidade de ambos mostrarem aquilo que lhes desagrada e que realmente prejudica a boa relação. Mostre seu ponto de vista lembrando que também será preciso escutar, pois o outro lado poderá fazer o mesmo. Vocês se casaram para dar certo, então, procurem, por meio do bom diálogo, resolver todas essas questões. Não fique pensando demais, chateado(a) interiormente, sem dar chance ao outro de conhecer o que se passa. Não pense que ele(a) já a(o) conhece tanto que advinha o que está na sua mente.

Um ponto muito importante é lembrar que vocês não estão juntos para competir por algo, e sim para somar. O princípio fundamental para o bom entendimento é a humildade – agir com o coração. Há o momento de falar, mas também o momento de ouvir. Não queira sempre ter razão, ou melhor, impor a sua razão; essas coisas se conquistam com atitudes de simplicidade. Como disse Márcio Mendes (membro, escritor e palestrante da Comunidade e TV Canção Nova) numa de suas palestras no programa "Sorrindo Pra Vida" da TV Canção Nova, "a água é humilde pois aceita qualquer abertura que dermos para ela. Ela chega aonde ninguém mais chega...". Sejamos como a água e assim conquistaremos os mais duros corações. Seja aquele(a) que dá o primeiro passo! E não se esqueça de que o que é dito com amor edifica!

Algumas regras são essenciais para uma melhor adaptação e convivência. A seguir, vamos ver um pouco mais sobre elas.

## ORAÇÃO

O nosso propósito ao casar é ter uma vida harmônica e cheia de alegria. No entanto, as relações matrimoniais vêm sendo bombardeadas com ideias destrutivas que esvaziam as possibilidades de uma vida feliz. Essa paz que buscamos nas nossas relações depende muito da nossa espiritualidade, da nossa fé. Ter um momento de reflexão, de oração, nos aproxima de Deus e nos coloca mais próximos um do outro. Pensando assim, estabeleçam momentos para que saiam de suas individualidades, de seus egocentrismos, se despojando de tudo aquilo que possa afastar um do outro, que possa afastar ambos de caminharem na mesma direção. Entrem em sintonia com Deus. Coloquem para Ele seus problemas, suas fraquezas, suas necessidades e percebam a leveza que essas ações podem trazer para o coração, para a mente. O nosso Pai que está no Céu, na Terra e em todo lugar quer simplesmente abençoá-los. Quer simplesmente que vençamos as nossas frustrações e tenhamos uma vida plena e feliz. E a oração é o grande passo para essa conquista.

## BONS HÁBITOS

*Comer, rezar, amar* é o título do livro de Elizabeth Gilbert. A ele eu acrescentaria "trabalhar", e assim temos as palavras-chaves no relacionamento entre um casal. Essas são práticas que podem se tornar hábitos.

Só percebemos com o passar do tempo a importância de gerar bons hábitos e como é difícil conviver com hábitos ruins. Por isso mesmo, coloquei este como segundo ponto nas regras de convivência. Citarei aqui hábitos essenciais que, se forem colocados em prática, lhe ajudarão a conduzir bem o seu casamento:

- Ao acordar, após um beijo de bom-dia, convide o cônjuge a rezar com você, e sempre acorde com um sorriso. Alegria atrai felicidade!
- Peça ajuda a ele(a) para deixar a cama e o quarto em ordem (e não se esqueça de agradecer por menor que tenha sido a contribuição). Algumas tarefas podem ser compartilhadas, como:
    » Esticar a colcha ou o edredom, guardar os travesseiros e as cobertas utilizadas.
    » Guardar calçados e roupas que foram tirados do armário.

- » Pendurar a toalha de banho no toalheiro ou levá-la para colocá-la ao sol (não esqueça de recolher e colocar no lugar devido depois que estiver seca).
- » Colocar as roupas sujas no cesto.
- » Guardar livros, bolsas, objetos retirados do lugar etc.
- Sempre arrumem com carinho a mesa do café, almoço, jantar e procurem (sempre que possível) fazer as refeições juntos. Uma toalha de mesa bonita ou jogo americano, talheres em seus lugares, guardanapos, copos, flor num vaso, e, claro, uma refeição no capricho, fazem toda a diferença!
- Ao despedir-se para o trabalho, troquem beijos, carinho e falem de amor; palavras carinhosas curam e adoçam a vida.
- Mande-lhe mensagens de otimismo, feitas com palavras simples que venham do coração.
- No final do dia, evite falar de problemas logo que ele(a) e/ou você voltarem do trabalho (a não ser que sejam urgentes); deixe para mais tarde, quando ambos estiverem relaxados.
- Ao chegar da rua, evite deixar suas coisas (bolsas, casacos, correspondências etc.) sobre a mesa ou o aparador, muito menos espalhadas pela casa. Tenha o lugar certo para tudo! Isso é muito importante, pois, do contrário, pode se transformar num hábito ruim, difícil de ser corrigido. Nada melhor que precisarmos de algo e sabermos exatamente onde se encontra, não ficar tentando adivinhar onde colocamos.
- Façam programas a dois. Ir ao cinema, a uma praça, andar de mãos dadas – tudo isso torna o relacionamento mais prazeroso!
- De vez em quando, saiam com amigos (de preferência casados também). Uma boa amizade propicia momentos de alegria e descontração.
- Presenteie, independentemente de datas especiais. Mas não se esqueça das datas mais significativas do seu relacionamento: o dia em que se conheceram, o dia dos namorados, o dia em que se casaram, Natal etc. Um mimo faz bem, e não

precisa ser caro: um simples cartão pode expressar o valor de um momento marcante.
- Ofereça e peça ajuda sempre que for preciso.
- Após uma discussão, não deixe que a mágoa crie raízes no coração. Converse. Peça perdão. Perdoe. Seja humilde. Não seja orgulhosa(o)!

## DIÁLOGO

Às vezes o que é costume para um não agrada o outro, e as pequenas coisas poderão se transformar em grandes problemas se não entrarem num consenso. O melhor é sempre se colocar no lugar do outro e tentar pensar como se sentiria se a situação fosse contrária.

É importante que, diante de qualquer situação adversa, se busque o diálogo, o entendimento. Se não puder ser na hora do ocorrido, deixe um espaço no final do dia para falar dos acontecimentos cotidianos. Busque não falar com imposição, e sim com ternura. Se algo tiver lhe causado ira, busque primeiro a reflexão sobre o assunto, o silêncio interior, para ponderar as palavras e expressar o que não gostou.

Se perceber que na hora não conseguirá falar com ternura, deixe dissipar o sentimento ruim e fale depois. Mas é importante que todas as situações sejam conversadas, sejam resolvidas, para não se acumular mágoas.

No seu coração, reze por toda e qualquer situação. Deus pode fazer milagres em sua vida!

## RESPEITO

Respeito mesmo é tratar o outro como você gostaria de ser tratado(a). É entender que o outro tem sua forma própria de pensar e agir, e que não precisa necessariamente concordar com tudo o que pensamos. Se achar que a maneira de agir de seu(sua) companheiro(a) não está correta, procure ver a situação sob outra perspectiva, principalmente se colocando no lugar do outro.

Se continuar com a mesma opinião, fale com ternura sobre o assunto, colocando o seu ponto de vista, e demonstre a sua posição com exemplos. Jamais devemos tentar mudar alguém por imposição. Jamais devemos usar xingamentos, frases irônicas, palavras maliciosas, gestos indelicados... Isso só provocaria ira e mágoa no relacionamento!

Respeito também é ser prudente nas relações de amizade, não dando espaço para infidelidades. Mas também é ter cuidado para não construir dentro de si imagens distorcidas sobre o outro, enxergando infidelidade em qualquer relação. Em tudo deve haver equilíbrio!

Se você deseja um relacionamento duradouro, o respeito é o primeiro passo para alcançá-lo! O amor e o respeito andam de mãos dadas. Ambos favorecem o caminhar na mesma direção.

Seus futuros filhos aprenderão a respeitar os outros e a vocês segundo a maneira como eles próprios foram ensinados e respeitados. E no exemplo está a grande pedagogia do ensinar!

## CUMPLICIDADE

Quando casamos, junto com os prazeres vêm também as responsabilidades. Deixamos de lado o "eu quero", "eu posso", e começamos a falar em "nós queremos", "nós podemos". Os sonhos de um passam a ser compartilhados e construídos com o outro; as prioridades de um se entrelaçam nas prioridades do outro. Não posso tomar sozinho(a) decisões que interfiram na nossa vida a dois. Tudo precisa ser conversado, combinado. Dessa forma, passamos a falar a mesma língua, a viver os mesmos sonhos, a seguir pelos mesmos caminhos. Um dia poderão vir os filhos, e eles precisarão sentir que seus pais têm a mesma linguagem no educar, no conduzir.

Quando há verdadeira cumplicidade, muitas vezes num olhar percebemos o que o outro está pensando. Às vezes, numa roda de amigos, falando sobre algum assunto, olhamos nos olhos do outro e de alguma forma conduzimos ou não a conversa para outra direção.

No dia a dia, somos o suporte do outro, porque nos propomos a fazê-lo feliz, e isso não deve acontecer de modo unilateral. Eu o apoio e sei que ele me apoia também. Dividir as tarefas de casa é fundamental para uma relação equilibrada, e a cooperação entre o casal melhora o diálogo, a diversão e também a vida sexual. Ambos passam a entender as dificuldades de cada situação como também buscam juntos melhorias nas realizações das atividades. É muito importante que ambos estejam dispostos a fazer a sua parte. Um acordo inicial é a melhor forma de conduzir essa questão.

Assim construímos uma relação sólida fundamentada no diálogo e na cumplicidade.

# Conhecendo a rotina e as necessidades da casa

É muito gostoso quando entramos num ambiente limpo e cheiroso; dá uma sensação de harmonia e tranquilidade no lar. E é assim que deve ser a nossa casa, um lugar de aconchego!

É necessário estabelecer uma rotina de tarefas para que elas não se acumulem e para que não fiquemos perdidos sem saber por onde começar. É preciso também fazer um planejamento para a faxina, de modo que você possa organizar o tempo e a disposição de cada um na execução das tarefas.

Por menos tempo que você tenha, seja produtivo(a), faça alguma coisa! A procrastinação atrapalha a efetivação dos seus objetivos!

Em 30 minutos você pode limpar uma sala ou limpar (de forma simples) um banheiro, ou estender uma roupa que está lavada, lavar uma louça da pia... O importante é se mexer, ver o que precisa ser feito e fazer.

Veremos no decorrer deste livro informações relevantes sobre algumas das principais necessidades de uma casa:

- » Limpeza e organização de cada ambiente (sala, cozinha, quartos, banheiros etc.)
- » Lavagem de roupas
- » Passada de roupas
- » Organização de roupas passadas nos armários
- » Refeições

## CRIANDO UMA ROTINA

Independentemente do tamanho da sua casa, as atividades domésticas podem consumir muito tempo. É necessário, então, definir o que precisa ser feito todos os dias e o que pode ser visto uma vez por semana, por quinzena, por mês ou por ano. Isso dependerá muito do tempo disponível de cada um.

Hoje em dia, a divisão de tarefas entre os cônjuges facilita a realização dos afazeres.

## SUGESTÃO DE AFAZERES DIÁRIOS

- Após levantar, prepare o café, arrume a mesa e lave a louça que sujou. Verifique o cardápio do almoço, retirando antecipadamente do *freezer* os itens congelados que for utilizar; isso também pode ser feito à noite, antes de dormir, deixando na geladeira até que o prato seja preparado.
- Arrume o quarto, esticando o edredom ou a colcha, guarde os travesseiros e a coberta, guarde calçados e qualquer objeto que não faça parte da decoração.

- Recolha as roupas sujas e coloque-as num cesto na lavanderia; retire o lixo dos banheiros e da cozinha, e leve-o ao local externo.
- Lave as roupas sujas duas ou três vezes na semana, por exemplo, às segundas, quartas e sextas-feiras; passe-as conforme sua disponibilidade de tempo – num único dia ou nos dias que não for lavá-las, como às terças e quintas. É bom que sejam lavadas ainda pela manhã, para que ao final do dia possam ser recolhidas e colocadas num cesto ou balde com tampa, armazenando separadamente as brancas, as coloridas e as pretas.
- Enxugue a louça do café e guarde-a.
- Prepare o almoço, arrume a mesa, lave louças, panelas e utensílios utilizados. Sempre faça isso logo depois do preparo das refeições, assim, quando terminarem de comer, restarão poucas peças a serem lavadas.
- Após o almoço, separe em potes as sobras e coloque-as na geladeira; lave a louça, limpe o fogão, a mesa e a bancada da pia; passe um pano úmido com desinfetante no piso da cozinha e da copa.
- Distribua durante a semana a limpeza de cada cômodo.

### Exemplo de organização semanal dos afazeres diários
- **Segunda-feira**
  - » Limpar a sala e as sacadas
- **Terça-feira**
  - » Lavar os banheiros e trocar as toalhas
- **Quarta-feira**
  - » Limpar os quartos e trocar os lençóis
- **Quinta-feira**
  - » Limpar o *freezer* e a geladeira
- **Sexta-feira**
  - » Lavar as áreas externas (se houver)
  - » Ou passar toda a roupa

- » Ou fazer uma limpeza simples em toda casa, organizando o que estiver fora do lugar
- » Ou preparar gostosuras para o final de semana (bolo, doces etc.)

> **IMPORTANTE!**
> Lembre-se que todas as tarefas podem ser divididas entre os cônjuges, e que aqui são apenas algumas sugestões, visto que as demandas precisam ser adequadas às disponibilidades de cada um.
>
> Se não tiver disponibilidade, programe-se para fazer tudo no sábado ou faça durante a semana apenas o que for possível. Mas não deixe de criar a sua rotina para que os afazeres não se acumulem; use o tempo que tiver e faça alguma coisa. Meia hora já é suficiente para varrer uma sala e passar um pano úmido.
>
> Nos extras, ao final deste livro, há um modelo detalhado de planejamento de tarefas que também pode lhe servir de inspiração.

**CRITÉRIOS DE ORGANIZAÇÃO**

Antes de criar qualquer tipo de organização, converse com seu cônjuge, para que possa perceber a necessidade de contribuir.

- Guarde todos os manuais dos eletrodomésticos no mesmo lugar (uma gaveta ou caixa) de fácil acesso, pois precisará utilizá-los antes mesmo de cada uso. É necessário que conheça a forma correta de instalar ou mesmo de ligar e limpá-lo. Guarde também a nota fiscal, é necessário caso algum aparelho dê problema e ainda esteja na garantia.

- Descarte tudo aquilo que não usa ou que tem em excesso.
- É preciso ter dois baldes com tampa para lixo, um menor para lixo orgânico (restos de alimentos, resíduos de origem animal ou vegetal) e o outro maior para lixo reciclável (garrafas, alumínio, plástico, papel, vidro etc.).
- Toda vez que for descartar vidro quebrado, pense nas pessoas que recolherão o seu lixo. Coloque antes numa caixa ou embalagem plástica que também será descartada, embalando-a de forma que ninguém corra risco de se cortar.
- Não compre para sua casa ou para você coisas de que não precisa; por isso, diante de algo que queira comprar, pergunte-se: eu preciso disso? Tenho lugar para isso?
- Tenha um lugar para cada coisa. Você pode usar etiquetas. Nada melhor do que precisarmos de algo e sabermos exatamente onde está guardado.
- Use um porta-chaves na cozinha para colocar as chaves reserva da casa e/ou as chaves do carro.
- Coloque um suporte no quarto onde possa deixar bolsa e casaco (pode ser também no lado de dentro das portas do armário). Mantenha uma gaveta específica para tesouras, trena e outras ferramentas básicas.
- Tenha um lugar (pode ser um balde com tampa) onde possa colocar sacolas de supermercados e outras (sempre selecione algumas para que não se acumulem);
- Não encha as gavetas com coisas desnecessárias, deixe sempre o que realmente necessita. Você precisa abrir a gaveta e enxergar o que tem nela.
- Tenha um lugar para colocar as correspondências. Não deixe que se acumulem sobre a mesa ou aparador. Selecione-as e direcione-as aos lugares de cada uma.
- Tenha pastas em um armário e/ou gavetas para as contas domésticas. Agende os pagamentos antes de guardá-las.
- Se usou, guarde de volta; se quebrou, conserte ou descarte.

- Mantenha a pia sempre limpa! Sujou? Lave, enxugue e guarde. Se for enxugar depois, que seja antes de iniciar a próxima lavada.
- Leve a sério o *slogan* "Não deixe para amanhã o que pode ser feito hoje".
- Não acumule roupas para lavar, lave pelo menos uma vez por semana.
- Não acumule roupas para passar por mais de uma semana.
- Seja persistente naquilo que se propõe a fazer! Comece e termine uma coisa de cada vez!
- Tenha prazer em tudo o que faz! Se alguma tarefa não lhe é tão agradável, pense no prazer de ver tudo pronto.
- Muitas atividades podem ser feitas escutando música. Só não desvie a atenção do que está fazendo.
- Não se distraia com o celular; às vezes perde-se muito tempo nas redes sociais, deixando de fazer coisas importantes.
- Mantenha o foco!

# Lavando roupas

Hoje em dia, lavar as roupas se tornou algo bem mais simples do que era há algum tempo. As máquinas de lavar vieram para dar praticidade a essa atividade e facilitar o nosso cotidiano. Leia atentamente as instruções da sua lavadora e só depois comece a usá-la. Nunca exagere na quantidade de roupas por lavagem, para não ultrapassar o peso suportado pela máquina.

Além disso, confira a etiqueta das roupas, pois nelas estão indicados os tipos de produtos que podem ser usados, se podem ser lavados na máquina e outras orientações sobre a peça.

Veremos a seguir alguns passos que devem ser observados antes de colocarmos em prática essa atividade.

| | Lavar à mão ou máquina |
| | O número indica a temperatura máxima da água (70°) |
| | Centrifugação reduzida |
| | Somente lavagem manual |
| | Proibido lavar à água |

**CUIDADOS PRÉVIOS**

- Para maior economia e menor tempo no serviço, deixe juntar uma quantidade razoável de roupas; por isso, considere lavá-las duas vezes por semana.
- Ao juntar as roupas para a lavagem, observe se há papéis, dinheiro ou objetos nos bolsos. Vire-as do avesso.
- Separe as roupas brancas e claras, as coloridas e as pretas. Separe também por tipo: panos de prato, panos de chão, lençóis, toalhas de banho, toalhas de mesa. Separe roupas *jeans* e peças de sarja. Separe as peças delicadas. Agrupe as roupas de mesma cor e mesmo tipo.
- Se perceber alguma mancha, já separe a peça para dar a ela um cuidado especial. Geralmente um pouco de detergente neutro sobre a mancha e uma esfregada no local já resolvem o problema. Se for uma mancha mais persistente, coloque sobre ela um produto próprio para tirar manchas (vendido nos supermercados), esfregue o local e deixe de molho por alguns instantes. Esfregue outras vezes até perceber que a mancha saiu. Então, dê sequência ao processo de lavagem.
- Camisetas (principalmente as claras) devem ser esfregadas no colarinho e nas axilas antes de irem para a máquina. O mesmo vale para meias brancas.

## Cuidados para a lavagem

> **IMPORTANTE!**
> Durante o processo de lavagem, cuidado com os **alvejantes à base de cloro** (água sanitária): nunca abra-os perto de roupas coloridas/pretas ou próximo da roupa que estiver vestindo, pois poderá manchá-las.

- Procure colocar as roupas na máquina conforme os grupos que você separou inicialmente: panos de prato; lençóis e fronhas; toalhas de banho e rosto; roupas pretas; roupas coloridas; roupas brancas etc.
- Panos de prato e de chão devem ser colocados em baldes com um pouco de sabão em pó ou líquido e alvejante. Após colocar os panos de molho (separando os de prato e os de chão), dê uma esfregada e deixe ali por algumas horas. Depois, coloque na máquina para serem lavados ou lave-os à mão.
- Camisas, blusas e vestidos mais delicados devem ser lavados à mão. Coloque água e sabão na bacia ou no tanque, mergulhe a peça e esfregue primeiro o colarinho, os punhos, local das axilas e depois esfregue toda a peça. Enxágue bastante para sair todo o sabão. Em outro recipiente, com água e um pouco de amaciante da sua preferência, deixe a roupa de molho para absorver a fragrância e ficar perfumada. Se a peça for colorida, não a misture com outras e não a deixe de molho, pois ela poderá soltar a cor em outra peça – portanto, após o enxágue para tirar o sabão, estenda-a para a secagem.

## Cuidados para a secagem

- Sempre que possível, estenda blusas, camisas e vestidos já no cabide, assim você evita que essas peças amassem enquanto secam.

- Roupas escuras e delicadas devem ser estendidas à sombra.
- Chacoalhe cada peça (do avesso) antes de estender, desse modo ficarão sem dobras e mais fácil de serem passadas.
- Se for usar a secadora, veja as etiquetas de cada peça, observando a temperatura adequada para cada uma. A capacidade da máquina para secagem costuma ser menor do que para lavar. Leia as instruções da secadora.

Esses são alguns cuidados que você deve ter com suas roupas. Se você der atenção a eles, terá sempre roupas limpas, cheirosas e sem manchas.

> **ATENÇÃO!**
> **Sua máquina deve ser limpa** pelo menos uma vez por mês. Para fazer isso adequadamente, observe as instruções no manual. A limpeza externa deve ser feita semanalmente.

# Passando roupas

Para começar a passar roupas, organize o seu ambiente de trabalho. Abra a tábua de passar e coloque-a num local adequado, próximo a uma tomada e que tenha iluminação suficiente. Veja se o ferro está limpo; se não estiver, limpe-o antes de usá-lo. Coloque água no recipiente para saída de vapor. Se o ferro for novo, leia atentamente as instruções antes de usá-lo.

Se gostar, borrife as peças com "água de passar", que perfuma a roupa e facilita na hora da tarefa. Você encontra esse produto nos supermercados, mas também pode produzir uma versão caseira, misturando em um borrifador:

- » 1 copo americano de água
- » 1 copo americano de álcool
- » 1 colher de sopa (ou 1 tampinha) de amaciante

Na hora de passar, separe um tecido branco de algodão (de aproximadamente 50 × 70 cm) para usar sobre as roupas mais delicadas.

Organize as roupas que serão passadas: as que precisam de cabides, as que são mais delicadas, as que não precisam ser passadas (como algumas peças esportivas). Reserve um local para colocá-las depois de passadas e dobradas, como uma mesa, um aparador ou uma bancada.

Observando a etiqueta da roupa, você perceberá a temperatura adequada para passá-la com segurança. Comece passando as roupas mais delicadas que usam temperatura mais baixa, e depois vá para as demais. Se tiver dúvida, passe primeiro pelo avesso.

## ORIENTAÇÕES PARA OS TIPOS DE ROUPA

Veja a seguir algumas recomendações gerais conforme o tipo de roupa. Fique atento(a) às características das diferentes peças e à temperatura adequada para cada uma delas.

- **Blusas, camisas e vestidos:** comece passando a gola, depois as mangas, vá para a parte das costas e, em seguida, a frente da roupa. Se o tecido for muito delicado, use o pedaço de tecido sobre a peça para que ela não

Passe à baixa temperatura

Passe à média temperatura

Passe à alta temperatura

Proibido ferro de passar

entre em contato direto com o calor do ferro. Não passe o ferro sobre botões e outros acessórios, pois poderão ser danificados.

- **Calças, *shorts*, bermudas:** vire a peça do avesso e passe primeiro os bolsos; desvire e passe a parte da frente, depois as costas. Se for uma calça ou bermuda social, dobre no sentido de vincar, unindo o cós e colocando uma perna sobre a outra, então, passe de cima para baixo até a barra.
- **Lençóis:** quanto aos lençóis sem elástico não há segredo, basta começar das pontas e seguir por todo o restante do lençol; já no caso dos lençóis com elástico, você precisa encaixar o canto na ponta da tábua, passar de dentro para fora, encontrando o local do elástico com a ponta do ferro. Depois de passar toda a volta do lençol, passe-o de fora para dentro, abrangendo todo o corpo.
- **Toalhas de mesa, de banho, panos de pratos:** passe a peça de fora para dentro.

## ATENÇÃO ESPECIAL

- Cuidado com a distração na hora de passar, para não esquecer o ferro ligado sobre uma peça de roupa. Poderá causar um grande prejuízo!
- Muita atenção às crianças, para que não se aproximem do ferro enquanto estiver quente.
- Nunca deixe o ferro ligado enquanto faz outra coisa (olhar a panela no fogão, atender alguém à porta, olhar o bebê etc.).
- Deixe o ferro esfriar por uns 10 minutos antes de guardá-lo.

# Limpeza dos banheiros

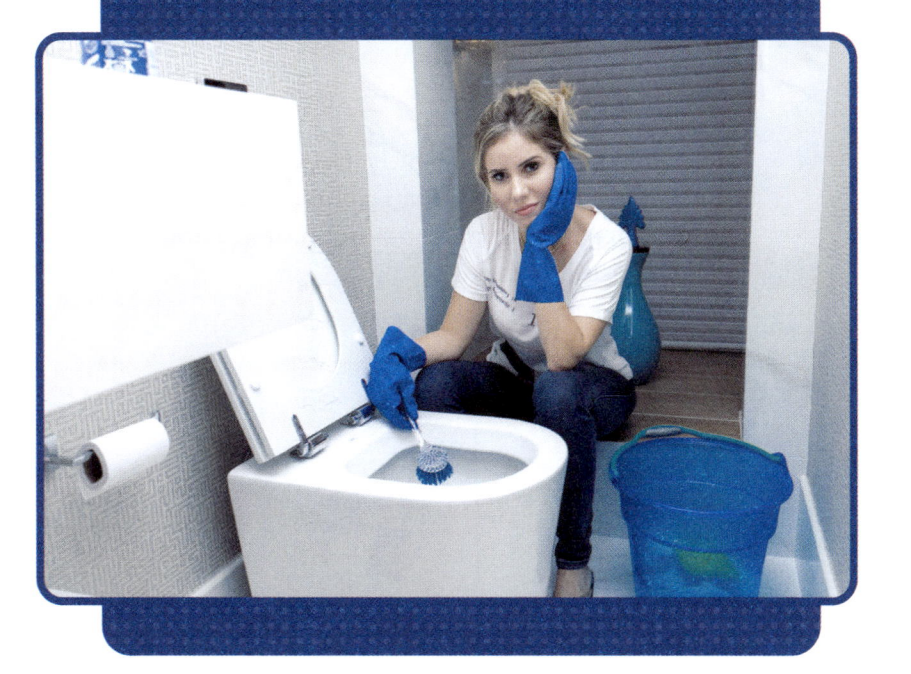

Está aqui uma tarefa que poucos gostam de fazer, mas que é extremamente necessária. Costumo dizer que a cozinha e o banheiro de uma casa revelam como é o jeito de ser de seu (sua) dono(a). Apesar de não parecer uma tarefa agradável, o resultado é sempre uma fonte de satisfação. Muitas pessoas têm dificuldade de usar o banheiro fora de casa, então manter este cômodo limpo e cheiroso é também uma maneira de criar um espaço particular e aconchegante para as nossas necessidades.

O banheiro deve ser lavado uma vez por semana. Nessas ocasiões, aproveite para trocar toalhas e tapetes. Se sentir necessidade, faça uma limpeza mais superficial três dias depois.

Para executar essa atividade, é importante separar os itens necessários. Eis aqui os principais instrumentos e produtos utilizados:

- » Vassoura
- » Rodo
- » Escova para o vaso sanitário
- » Escovinha
- » Bucha plástica (tenha uma bucha específica para o vaso sanitário e outra para as demais partes do banheiro)
- » Panos de limpeza – no mínimo cinco (vaso sanitário, azulejos/pia, piso, espelhos e boxe)
- » Luva de borracha
- » Borrifador
- » Sabão em pó ou líquido
- » Desinfetante
- » Água sanitária
- » Lustra-móveis
- » Álcool
- » Desodorizadores
- » Perfumadores

## LIMPEZA SEMANAL

Para começar, retire todos os objetos, perfumes, *shampoos*, saboneteiras e outros itens que estejam sobre a pia e demais bancadas. Retire também o rolo de papel higiênico.

Faça a limpeza de cima para baixo, de dentro para fora.

### Armários e gavetas

- Uma vez por mês, limpe o interior dos armários e das gavetas ensaboando-os e limpando-os com um pano úmido.
- Em seguida, enxugue esses espaços com um pano seco e guarde novamente as coisas em seus lugares.

- Antes de guardar, porém, verifique se há algum produto vencido ou que você não usa mais e descarte-o.

### Vaso sanitário
- Misture água, sabão e água sanitária em um balde.
- Usando luvas, passe a bucha com essa mistura em volta de todo o vaso, em sua tampa e por dentro dele.
- Utilize a escova apropriada para esfregar no fundo do vaso.
- Despeje a sobra da mistura dentro do vaso e deixe agir por alguns minutos.
- Por fim, enxágue o vaso e deixe escorrendo enquanto limpa as demais partes do banheiro.

### Azulejos, vidros, boxe, portas e janelas
- Misture água, desinfetante e sabão em um borrifador, ou use algum produto específico para banheiro comprado nos supermercados.
- Borrife esse produto nos azulejos e vidros e passe uma bucha plástica – se preferir, coloque os produtos num balde e ensaboe diretamente as paredes.
- Em seguida, pegue um pano úmido, tire o sabão e vá lavando o pano até que os azulejos fiquem brilhando.
- No interior do boxe você pode jogar água diretamente para tirar o sabão. Contudo, evite jogar água fora do boxe para não danificar seus armários e a porta do banheiro – é preferível a limpeza seca, limpando as partes ensaboadas com um pano úmido.

Com o mesmo borrifador ensaboe os registros, as torneiras e o chuveiro, limpando-os em seguida, podendo fazer o mesmo com as janelas de alumínio. Atenção: para limpar o chuveiro (caso seja elétrico), é necessário desligar a tomada ou disjuntor local ou mesmo a chave geral. Risco de choque elétrico!

As janelas e portas de madeira devem ser limpas com um pano úmido quase seco; em seguida, use o lustra-móveis.

Passe o lustra-móveis também do lado de dentro das portas do boxe, depois de lavá-las e secá-las, pois ele ajudará a impedir a absorção da gordura do corpo por certo período; por isso, repita o procedimento a cada semana.

> **IMPORTANTE!**
> Fique atento(a) para a limpeza dos móveis, janelas e portas de madeira de sua casa. Se as peças forem de **madeira envernizada**, passe um pano úmido para retirar todo o pó e, depois de secos, passe um pano com lustra-móveis. Se forem de **madeira laqueada**, passe somente o pano úmido.

### Pia e bancada
- Com o mesmo produto do borrifador esfregue a pia e sua bancada, e limpe com um pano úmido.
- Repita esse processo nas portas externas dos armários. Ensaboe e lave as saboneteiras, porta-escovas e demais recipientes que fiquem sobre a pia. Enxugue com um pano seco e reserve.

### Lixeiras
- Procure utilizar lixeiras de fácil limpeza, pois elas precisam ser ensaboadas, lavadas e enxugadas para eliminar possíveis bactérias.

> **IMPORTANTE!**
> Após limpar o banheiro, coloque **7 saquinhos de lixo** (um por dentro do outro) na lixeira. Cada vez que for tirá-lo, já ficarão outros saquinhos até a próxima lavada.

### Espelho
- Coloque álcool num pano macio e passe-o sobre toda a superfície do espelho.
- Se estiver sujo, borrife o produto de limpeza, esfregue a bucha com o lado macio e retire tudo com um pano úmido. Depois de seco, passe o pano com álcool para dar brilho.
- Passar um pedaço de papel higiênico nos espelhos depois de limpos também ajuda a deixá-lo brilhando (o mesmo vale para os vidros das janelas).

### Ralos
- Com a ajuda de uma chave de fenda, puxe o tampo do ralo.
- Remova a sujeira aparente e depois esfregue com uma escovinha.
- Depois de limpo, coloque um pouco de bicarbonato de sódio e vinagre para agir contra as bactérias ou coloque algum produto pronto encontrado nos supermercados, como naftalina.
- Faça isso uma vez por mês.

### Piso
- Misture água, sabão, desinfetante e alvejante em um balde e jogue aos poucos no piso.
- Esfregue com uma vassoura todos os cantos do banheiro.
- Enxágue devagar, retirando toda a espuma, puxe a água com o rodo e enxugue completamente.
- Respingue o desinfetante e passe um pano, espalhando todo o produto sobre o piso para deixá-lo perfumado.

### Finalizando
- Ao final desse processo, limpe todos os objetos retirados do banheiro com um pano úmido (se necessário, ensaboe-os e lave-os) e organize-os novamente em seus lugares de origem.
- Coloque as toalhas de banho e de rosto, os tapetes e o papel higiênico.

- Aplique o desodorizador no vaso sanitário.
- Borrife um produto perfumador de ambiente.
- Sinta agora o prazer de ver o seu banheiro limpinho e perfumado!

## LIMPEZA SIMPLES

Misture água, sabão, água sanitária e desinfetante em um borrifador, ou use um produto multiuso. Com uma bucha plástica, ensaboe o vaso sanitário por dentro e por fora (sempre com uma luva de borracha), reforce com a escova apropriada. Ensaboe o vaso de lixo e o piso do banheiro (esfregue o piso com uma vassoura). Ensaboe a pia (não use a mesma bucha de lavar o vaso sanitário). Enxágue tudo e enxugue. Passe um pano com álcool no espelho. Respingue desinfetante no piso e passe um pano para espalhar o produto. Borrife um perfumador de ambiente. Pronto! Seu banheiro está limpo e cheiroso!

> **IMPORTANTE!**
> Considere deixar no banheiro um *perfumador de ambiente*, que manterá o espaço sempre cheiroso. Além disso, mantenha no espaço uma escova de limpeza de vaso sanitário e um produto de limpeza (misturinha de água, sabão e desinfetante), caso necessite limpar algo no dia a dia.

# Limpeza dos quartos

O quarto é o cômodo mais íntimo do casal e, possivelmente, onde se passa mais tempo junto. É necessário que esteja sempre limpo, cheiroso e organizado. É possível você ter um quarto com a aparência de um "quarto de hotel", mas com o aconchego que só se tem em casa. Você verá a seguir sugestões para que tenha sempre um quarto perfeito, como merece!

## LIMPEZA DIÁRIA

- Todos os dias, ao levantar, estique o lençol da cama, a colcha e/ou o edredom, e arrume por cima as almofadas decorativas.
- Guarde os objetos que estiverem fora do lugar (livros, chaves, controle de TV etc.).
- Pendure sua bolsa de uso diário num local previamente escolhido ou guarde-a num armário.
- Recolha copos e jarra utilizados para beber água e leve-os à cozinha para serem lavados. (É muito bom ter no quarto uma mesinha de apoio onde você possa deixar todos os dias uma bandeja com uma jarra de água e dois copos.)
- Guarde roupas e calçados que estejam fora do lugar.
- Recolha o lixo do banheiro (se for uma suíte) e coloque outro saquinho.
- Organize os tapetes. Abra a janela e deixe entrar a luz do sol.

## LIMPEZA SEMANAL

- Como nos demais cômodos da casa, é preciso deixar um dia na semana para a limpeza dos quartos. Se tiver o dia inteiro livre, dá para juntar a limpeza dos quartos à dos banheiros.
- Você deve começar recolhendo os tapetes e retirando os objetos de cima dos móveis.
- Passe um pano úmido nos móveis para retirar todo o pó. Se forem de madeira envernizada, passe também um lustra-móveis em toda a peça.
- É recomendável colocar vidro sobre o tampo dos móveis para ajudar na sua conservação. Se tiverem vidros, limpe-os usando um pano com álcool ou outro produto adequado para vidros.
- Limpe com pano úmido os objetos que compõem a decoração e coloque-os novamente no lugar.
- Passe um pano úmido nas portas e janelas e, se forem de madeira envernizada, passe depois o lustra-móveis.

- Varra o piso e, em seguida, passe um pano úmido com o auxílio de um rodo em todo o ambiente, inclusive embaixo dos móveis. Deixe um balde com água e desinfetante apropriado para o seu piso, para lavar o pano.
- Se o piso for de carpete felpudo, passe o aspirador de pó.
- Troque o lençol e as fronhas, cubra a cama com a colcha ou o edredom e decore com travesseiros e almofadas, conforme o seu gosto.
- Recoloque os tapetes em seus lugares.
- Retire os instrumentos e produtos utilizados na limpeza e borrife um *spray* perfumado em todo o ambiente.
- Aprecie a limpeza e organização do seu quarto e feche a porta para que o cheirinho permaneça por mais tempo.

## LIMPEZA MENSAL

É recomendável que se faça uma faxina uma vez por mês, a qual será mais aprofundada que a limpeza semanal. Você precisará dos seguintes instrumentos e produtos de limpeza:

- » Vassoura
- » Rodo
- » Aspirador de pó
- » Balde
- » Bucha plástica
- » Panos de chão
- » Panos de microfibra
- » Sabão em pó ou líquido
- » Lustra-móveis
- » Álcool ou outro produto adequado para vidros
- » Desinfetante (de acordo com o tipo de piso do seu quarto)

A faxina do quarto, como nos demais ambientes, deve sempre começar de cima para baixo (para que todo o pó que cair no chão seja limpo no final) e de dentro para fora. Veja a seguir algumas recomendações acerca das demandas que envolvem essa tarefa.

- Comece passando uma vassoura em todos os cantos do teto e das paredes para retirar possíveis teias de aranha. Passe um pano úmido no ar-condicionado ou ventilador (se houver).
- Retire as roupas de dentro do armário, por partes, começando pelas de cabide. Limpe o interior do armário com um pano úmido e reorganize cada cabide no lugar, observando a organização por tipo (camisas, camisetas, blusas, vestidos, calças) e por cores iguais ou semelhantes.
- Depois retire todas as roupas e objetos de gavetas. Limpe o interior das gavetas com pano úmido ou lustra-móveis e arrume novamente as coisas no lugar. Se possível, guarde separadamente roupas de academia, pijamas, *lingeries*, meias, camisetas, acessórios etc. Descarte também tudo aquilo que não usa mais ou que tem em excesso.

> **IMPORTANTE!**
> Aproveite este momento para observar possíveis peças que você possa descartar, seja porque não usa, porque tem em excesso, seja porque já está muito desgastada, ou mesmo porque não lhe serve mais. Procure sempre descartar algumas peças, e considere colocar para doação aquelas que estiverem em bom estado de conservação.

- Retire calçados e bolsas do armário. Limpe o interior do armário com um pano úmido. Passe um pano macio nos calçados e bolsas de couro; se houver algum que precise de uma limpeza mais profunda, deixe-o à parte para que possa fazê-la. Observe também a possibilidade de descartes e organize-os novamente no lugar adequado.

- Depois de ter limpado e organizado todo o armário por dentro, limpe as portas por dentro e por fora com um pano úmido. Se forem de madeira, limpe-as conforme o tipo de material (madeira envernizada ou laqueada). Se houver espelho, passe álcool em um pano macio para retirar possíveis manchas.
- Retire cortinas e tapetes para serem lavados – recomenda-se fazer isso ao menos uma vez por ano. Obs.: os tapetes pequenos deverão ser lavados em cada faxina mensal.
- Sacuda as cortinas para retirar possíveis sujeiras e prenda-as nas laterais enquanto limpa todo o quarto.
- Se seu lustre for facilmente desmontável, tire suas peças e lave-as na cozinha. Se não for possível retirá-las, limpe-as com um pano úmido.
- A cada seis meses, leve o colchão e os travesseiros para uma área aberta da casa, onde possam tomar sol, a fim de matar possíveis ácaros – se o colchão for muito pesado, deixe-o tomar sol através da janela. (Além disso, recomenda-se virar a posição do colchão uma vez por ano.)
- Retire os objetos que estejam nas gavetas das mesas laterais, da penteadeira e do *rack*, e limpe o interior com um pano úmido ou com lustra-móveis. Depois, recoloque-os nos devidos lugares, observando sempre se há coisas que poderiam ser descartadas.
- Passe um pano úmido em todos os móveis de madeira, conforme o tipo de material (madeira envernizada ou laqueada). Se houver vidro sobre os móveis, retire-os para limpar por baixo e limpe-os a seguir com álcool ou outro produto adequado para vidros, apoiando-os sobre a cama para não correr o risco de cair e quebrar. Em seguida recoloque-os no lugar.
- Se a janela for de alumínio, ensaboe-a com uma bucha plástica, utilizando um pouco de sabão num balde com água; em seguida, limpe com um pano úmido até retirar todo o sabão.

- Se a janela for de madeira, limpe-a com um pano úmido. Se for envernizada, passe o lustra-móveis depois que estiver completamente seca. Faça o mesmo com as portas.
- Varra o piso do quarto, afastando do lugar os móveis soltos. Em seguida passe um pano úmido com desinfetante adequado ao piso (madeira, porcelanato, laminado etc.). Se for carpete, use o aspirador de pó. Não esqueça de limpar também embaixo da cama.
- Recoloque os móveis e objetos de decoração (depois de limpá-los com pano de microfibra úmido), cada um em seu lugar.
- Troque o lençol e as fronhas. Troque também a colcha ou o edredom.
- Borrife um *spray* perfumado em todo o ambiente e admire a beleza da sua limpeza e organização.

# Limpeza da sala

A limpeza da sala não precisa ser diária, a não ser que entre muito pó na sua casa, você tenha filhos pequenos ou você use este espaço para as refeições, até mesmo lanchinhos assistindo à TV (é bom evitar essa prática).

    Observe antes de tudo a sua necessidade. Há casas que fazem somente a limpeza semanal e a faxina mensal. Outras precisam da limpeza de duas a três vezes na semana, e ainda outras cuja demanda é diária. Procure, em qualquer das hipóteses, otimizar o seu tempo disponível para tal.

Mantenha sempre tudo no seu devido lugar; não deixe nada espalhado pela casa (especialmente brinquedos – ensine os pequenos a sempre guardá-los depois de usar). É importante ter a colaboração constante daqueles que moram na casa. Ensine a todos que, ao chegar em casa, não deixem coisas espalhadas (mochilas, bolsas, chaves, guarda-chuva, calçados, bonés); por isso, estabeleça o lugar certinho de cada coisa e também o hábito de guardá-las.

## LIMPEZA DIÁRIA
- Retire o pó dos móveis com um pano macio.
- Sacuda as almofadas do sofá e passe um espanador nele para que saiam quaisquer resíduos.
- Varra todo o piso e, em seguida, passe um pano úmido, lavando o pano em um balde com água e desinfetante apropriado para o piso da sua sala.

## LIMPEZA SEMANAL
A limpeza semanal é feita de uma forma um pouco mais criteriosa que a diária. Veja a seguir algumas orientações.
- Comece pelas janelas e portas. Se forem de madeira, limpe-as conforme o tipo de material (madeira envernizada ou laqueada); se forem de alumínio, passe apenas um pano úmido. Para a limpeza dos vidros, passe álcool ou produto apropriado vendido nos supermercados, também com um pano macio.
- Usando o mesmo critério, limpe os móveis da sala.
- Limpe os objetos com pano úmido.
- Passe um espanador nos sofás ou limpe-o com o aspirador de pó e reorganize as almofadas.
- Varra a sala e, em seguida, passe um pano úmido em todo o piso. Não esqueça de diluir num balde com água o desinfe-

tante apropriado para o seu piso. Isso deixará sua sala mais perfumada.
- Reorganize todos os objetos em seu devido lugar.
- Borrife um *spray* perfumado em todo o ambiente.

## LIMPEZA MENSAL

Como nos demais cômodos, a limpeza mensal (ou faxina) começa de cima para baixo e de dentro para fora.

- Comece aspirando o pó dos tapetes e retirando-os para que não caia sujeira sobre eles.
- Passe uma vassoura nos cantos do teto e das paredes, tirando toda e qualquer teia de aranha ou outros resíduos.
- Sacuda as cortinas para retirar possíveis sujeiras e prenda-as nas laterais enquanto limpa toda a sala. (Recomenda-se que as cortinas sejam lavadas ao menos uma vez por ano.)
- Confira se as lâmpadas do lustre estão desligadas. Retire as peças do lustre para serem lavadas e posteriormente recolocadas. Se sua desmontagem for complexa ou você não se sentir seguro(a) para tal, apenas passe um pano para tirar o pó das peças.
- Se as janelas e portas forem de madeira, limpe-as conforme o tipo de material (madeira envernizada ou laqueada). Se forem de alumínio, ensaboe-as com uma bucha plástica e limpe-as com um pano úmido, tirando todo o sabão. Nas partes de vidro, use um pano com álcool ou outro produto adequado para vidros.
- Retire os objetos guardados em armários. Limpe os armários conforme o tipo de material (madeira envernizada ou laqueada) e organize novamente tudo em seu devido lugar. Não esqueça de sempre observar se tem algum objeto que pode ser descartado.
- Limpe os quadros e porta-retratos com um pano macio. Se tiverem vidro, passe o produto escolhido para tal.

- Retire todos os objetos que estiverem sobre os móveis. A maioria deles poderão ser ensaboados, lavados e enxugados, por isso leve-os para a cozinha para executar tal tarefa. Utilize um pano macio para a limpeza dos mais delicados.
- Retire as almofadas do sofá e passe o aspirador de pó sobre ele. Depois arrume-as novamente em seus lugares. Lave as capas das almofadas a cada 3 meses, ou quando achar necessário.
- Afaste os móveis, cadeiras e sofás do lugar e varra toda a sala.
- Faça uma mistura com água e sabão e, com a ajuda de uma vassoura de cerdas macias, ensaboe o piso e limpe-o com um pano umedecido em água e desinfetante. Se o piso for de madeira, passe apenas um pano úmido, colocando na água o produto adequado para o seu piso.
- Recoloque os móveis no lugar.
- Coloque os tapetes de volta na sala. (Recomenda-se que os tapetes grandes sejam lavados ao menos uma vez por ano; no caso dos menores, a frequência de lavagem pode ser maior.)
- Recoloque todos os objetos que foram retirados e solte as cortinas.
- Borrife um *spray* perfumado em todo o ambiente.
- Aprecie e valorize a limpeza da sua sala!

# Limpeza da cozinha

A cozinha é aquele ambiente da casa que precisa ser limpo todos os dias. Então, o melhor a fazer é não deixar que nenhum serviço se acumule.

Terminou de cozinhar as refeições? Já lave os utensílios utilizados – se for deixar a louça escorrendo, enxugue-as e guarde-as antes da próxima lavada, para que o escorredor não fique abarrotado, ou mesmo para que não molhe as louças que já se encontram enxutas. Terminou de cozinhar alimentos? Já limpe o fogão. Esvaziou a jarra de água da geladeira? Já encha-a novamente. Vai colocar a queijeira na mesa do café? Transfira o queijo para um recipiente enquanto lava e enxuga a peça para repor o queijo em seguida.

Procure não guardar os utensílios usados sem lavá-los primeiro, para que não apareçam formigas no local. E lembre-se: evite qualquer tipo de desperdício! Se houver sobras no almoço, use a criatividade e transforme-as no jantar. Não use produtos de limpeza mais do que o necessário; não desperdice água (procure ensaboar toda louça ou parte dela antes de começar a enxaguá-la).

**Pano de chão e pano de prato nunca devem ser misturados**! Mantenha ambos bem limpinhos; por isso, sempre depois de utilizá-los, coloque-os num balde (cada um num balde diferente) com água e sabão e deixe um pouco de molho antes de lavá-los.

Tenha sempre dois baldes para lixo – orgânico e reciclável – e ajude a natureza. Sempre que for fazer fritura, ligue a coifa para absorver a gordura exalada no ambiente.

Enfim, conheça cada detalhe da sua cozinha e veja o que é necessário para mantê-la sempre organizada!

> **IMPORTANTE!**
> Tenha sempre na cozinha tesoura, fita adesiva (durex), bloco de anotações, caneta e amarrilhos para fechar saquinhos.

## LIMPEZA DIÁRIA

Comece observando todas as dicas anteriores para que essa limpeza não demore mais do que o necessário.

- Limpe os aparelhos domésticos utilizados ao fazer as refeições (micro-ondas, liquidificador, torradeira, fogão, sanduicheira etc.), com o auxílio de um pano úmido e algum produto de limpeza multiuso.

- Coloque num borrifador uma mistura de ¾ de água para ¼ de desinfetante e use-a com um pano macio para limpar mesa, bancada e pia. Ficarão limpas e cheirosas. Se preferir não ter cheiro, dilua apenas vinagre com água.
- Retire os lixos acumulados, separando-os adequadamente: os recicláveis (plásticos, vidros, papéis) e os orgânicos (restos de alimentos, cascas de frutas e legumes etc.).

> **IMPORTANTE**
> Faça o descarte consciente dos **vidros quebrados**: antes de armazenar na pilha de recicláveis, eles devem ser muito bem embalados. Procure colocá-los dentro de uma caixa ou alguma embalagem plástica segura, que também será descartada; isso evitará que os coletores se cortem ao recolher os sacos de lixo.

- Varra a cozinha e, em seguida, com o auxílio de um rodo, passe um pano úmido, lavando-o algumas vezes num balde com água e desinfetante. Você também pode fazer essa limpeza utilizando um esfregão.

## LIMPEZA SEMANAL

Se você conseguir fazer as atividades cotidianas na cozinha, pouco ficará para a limpeza semanal. Veja o dia que você fará compras de frutas, verduras, legumes, carnes, alimentos não perecíveis e produtos de limpeza. Procure aliar a esse dia a organização da geladeira, do *freezer* e dos armários onde serão guardados os produtos comprados.

- Lave frutas, legumes e verduras, ensaboando-os com detergente neutro com uma bucha plástica específica para tal atividade, ou dilua uma colher de sopa de água sanitária em

cada litro de água e deixe esses alimentos de molho nessa mistura por 30 minutos. Em seguida, lave-os em água corrente e deixe-os escorrendo enquanto você organiza a geladeira.
- Para organizar a geladeira, desligue-a da tomada. Retire os produtos das prateleiras (uma de cada vez), limpe-as com pano úmido e arrume-as novamente, pensando nos espaços para os novos produtos que entrarão. Passe um pano úmido nas gavetas onde serão acomodados frutas, legumes e verduras. Se achar necessário, tire a gaveta, lave-a e enxugue-a antes de guardar os alimentos.
- No *freezer*, proceda da mesma forma que na geladeira.
- Nos armários, organize-os à medida que for guardando os novos produtos.

### LIMPEZA MENSAL

Considero a cozinha como o ambiente mais cheio de detalhes para limpeza, mas manter a organização cotidiana facilita as coisas. Vale lembrar que este é o lugar em que a família mais se encontra, então, naturalmente, precisa estar sempre limpo e cheiroso. Na maioria das vezes, também é o segundo lugar em que passamos mais tempo (o primeiro costuma ser o quarto).

Ali recebemos amigos(as) que passam rapidinho para um bate-papo, preparamos as refeições e muitas vezes nos alimentamos lá mesmo, além de, habitualmente, ser passagem para os demais ambientes da casa. Por ser um lugar assim, tão frequentado e curtido, deve estar sempre agradável!

Por isso, veja a seguir algumas orientações para a limpeza mensal desse cômodo, que, como nos demais ambientes, deve começar sempre de cima para baixo e de dentro para fora.

### Materiais necessários

» Vassoura
» Rodo
» Pano de prato
» Pano de chão

- » Pano de microfibra
- » Escovinha
- » Bucha plástica
- » Esponja de aço
- » Luvas de borracha
- » Balde
- » Borrifador

**Produtos necessários**
- » Desengordurante ou vinagre
- » Produtos de limpeza multiuso
- » Álcool
- » Água sanitária
- » Sabão em pó
- » Detergente neutro
- » Lustra-móveis
- » Desinfetante
- » Limpa-inox
- » Limpa-fornos (ou bicarbonato de sódio em pó, vinagre e água)

Comecemos passando uma vassoura nos cantos do teto e das paredes para tirar possíveis teias de aranhas. Se tiver lustre, limpe-o cuidadosamente. Caso tenha peças de vidro, lave-as, enxugue-as e já coloque-as novamente no lugar. As paredes deixaremos para depois.

Em seguida, limpe os eletrodomésticos de grande porte e as demais áreas da cozinha, conforme as recomendações específicas a seguir.

**Geladeira**
- Retire o *plug* da tomada.
- Retire todos os produtos da geladeira; aproveite e dê uma olhada no prazo de validade desses itens.

- Retire as prateleiras e gavetas, lave-as, enxugue-as e deixe num lugar à parte.
- Com uma esponja macia e detergente neutro, ensaboe o interior da geladeira e já retire o sabão com um pano úmido. Faça uma limpeza um tanto "seca", não deixando acumular água na esponja, no pano ou no interior da geladeira.
- Faça o mesmo procedimento por fora da geladeira, inclusive na parte de cima dela.
- Depois de totalmente seca, recoloque as prateleiras e gavetas no lugar.
- Enxugue os alimentos (que costumam ficar umedecidos devido à mudança de temperatura) e rearmazene-os na geladeira – procure organizá-los sem amontoar uns sobre os outros, de modo que fique apreciável aos olhos.
- Utilize potes organizadores para alimentos e itens soltos.
- É necessário observar alguns cuidados ao armazenar os alimentos, pois, no interior da geladeira, há uma variação de temperatura que determina o lugar certo de cada um:
  » porta: procure colocar produtos mais resistentes à variação de temperatura, como água, sucos, condimentos, conservas e molhos para salada;
  » prateleiras superiores: ovos, presunto, queijo, sobras de alimentos cozidos (sempre em potes com tampas), maionese, manteiga etc.;
  » prateleiras inferiores: leite, iogurtes, doces, carnes que estão sendo descongeladas etc.;
  » gavetas: legumes, frutas e verduras.

### *Freezer*

- Se tiver juntado muito gelo, desligue o *freezer* na noite anterior ao dia da limpeza, para que o gelo derreta. Retire o gelo para executar a limpeza.
- Se o *freezer* for *frost free*, ou seja, não formar camadas internas de gelo, não precisa desligar na noite anterior, basta desligá-lo antes da limpeza.

- Retire todos os alimentos do seu interior e limpe-o da mesma forma que a geladeira.

## Forno

- Retire todas as prateleiras e ensaboe-as com um detergente neutro e lave-as à parte.
- Ensaboe levemente o interior do forno também com o detergente neutro, e limpe-o com um pano macio umedecido.
- Se o forno estiver muito sujo, use um limpa-fornos, que pode ser encontrado em supermercados.
- Também é possível fazer uma misturinha caseira que auxiliará na limpeza profunda. Para isso, deixe as prateleiras dentro do forno e use uma luva de borracha. Misture numa assadeira de alumínio: bicarbonato de sódio (1 xícara), vinagre (1 xícara) e água (1 xícara).
- Passe uma bucha com essa misturinha no interior do forno e também nas prateleiras. Ligue o forno em potência alta (260 ºC), coloque a assadeira lá dentro e deixe por 40 minutos. Depois de desligar, ainda com o forno morno, passe a bucha esfregando todas as partes. Retire as prateleiras para serem esfregadas e lavadas fora do forno. Passe um pano macio umedecido, retirando todo o produto do forno e reponha as prateleiras no devido lugar. Ficará tudo muito limpinho!

> **IMPORTANTE!**
> Limpe o forno sempre depois de usá-lo, pois sua higienização ficará mais fácil e sua conservação será mais duradora.

## Fogão

- Retire as grades, as bocas e os botões de liga/desliga (se forem removíveis) para serem lavados na pia. Aplique um produto

- desengordurante nessas peças e deixe agindo um pouco. Esfregue com a bucha plástica e enxágue.
- Passe o produto desengordurante sobre o fogão e, depois de deixá-lo agir por um tempo, esfregue com o lado macio da bucha e retire todo o produto com um pano macio.
- Para fazer uma versão caseira de desengordurante, misture vinagre (½ xícara) e detergente neutro (½ xícara) e aplique a solução na limpeza assim que fizer a receita.
- Ensaboe a parte externa do fogão com uma bucha plástica e depois enxugue com um pano úmido.
- Recoloque todas as peças no lugar.

### Coifa
- Remova as tampas de alumínio ou inox que servem de filtros da coifa, ensaboe-as com detergente neutro ou produto multiuso e lave-as diretamente na pia.
- Limpe a coifa também com detergente neutro e uma bucha macia, ensaboe por dentro e por fora e limpe com um pano úmido, retirando todo o sabão.
- Coloque novamente as tampas e passe um lustra-móveis na parte inox (o lustra-móveis cria uma camada protetora, minimizando a absorção de sujeira e gordura) e álcool na parte de vidro.

### Micro-ondas
- Retire a bandeja de vidro e o suporte de dentro do micro-ondas, lave-os com sabão diretamente na pia.
- Ensaboe também o interior e o exterior do micro-ondas com um detergente neutro, utilizando a parte macia da esponja, e limpe com um pano macio.
- Recoloque as partes internas no lugar.
- Se o micro-ondas estiver muito sujo, coloque uma mistura de água e vinagre (uma xícara de cada) num recipiente de vidro e aqueça-a no micro-ondas de 4 a 5 minutos. Após esse

tempo, retire o recipiente e limpe o interior do aparelho com um papel-toalha. Passe a bucha plástica com o detergente neutro para retirar qualquer resíduo.
- Aproveite para limpar outros eletrodomésticos de menor porte (liquidificador, batedeira, multiprocessador etc.) usando uma esponja macia e detergente neutro, um pano úmido e, depois, um pano seco.
- NOTA: deve ser retirado o plugue da tomada antes de fazer limpeza em aparelhos elétricos!

### Armários
- Faça a limpeza do armário por partes. Tire tudo de dentro (um compartimento por vez), passe uma bucha úmida com detergente neutro no interior do armário. Em seguida, passe um pano úmido e um pano seco para finalizar a limpeza.
- Recoloque os utensílios no lugar, organizando tudo novamente. Aproveite esse momento para descartar tudo aquilo que não tem mais utilidade para você. Não amontoe coisas de que você não precisa. Descarte também utensílios quebrados ou danificados (a não ser que seja algo que valha a pena consertar – se for o caso, já separe para consertá-lo).
- Depois que fizer isso em todos os armários, ensaboe as portas e limpe-as com pano úmido. Faça o mesmo com os azulejos da cozinha. Não há necessidade de jogar água – isso pode danificar armários, batentes e portas.

> **DICA!**
> Nos extras, ao final deste livro, há uma lista de utensílios domésticos que pode lhe ajudar a pensar sua organização.

### Bancada
- Ensaboe toda a bancada com detergente neutro e retire com um pano úmido, e aproveite para limpar a pia e as torneiras. (Faça o mesmo com a mesa, as cadeiras ou os bancos.)

### Piso
- Em um balde, faça uma mistura com água, sabão em pó e um pouco de água sanitária (se o piso não for de madeira). Se o piso for colorido (preto, marrom etc.), use apenas água, sabão e desinfetante.
- Retire cadeiras e peças soltas da cozinha, espalhe um pouco da mistura no piso e esfregue com uma vassoura ou esfregão. Puxe o excesso de sabão com um rodo – o restante pode ser limpo com um pano úmido e, por último, um pano seco. Para finalizar, jogue um pouco de desinfetante perfumado e espalhe com o pano úmido.

Ao final, observe se ficou algo sujo ou fora do lugar. Coloque um vaso de planta na janela e na mesa, e sinta o frescor e a beleza da sua cozinha!

# Organizando a despensa

Para manter a sua despensa em dia, tenha uma lista de todos os produtos de supermercado que você utiliza e anote tudo que entra e sai. Observe a data de validade dos produtos e coloque mais à frente aqueles que vencerão primeiro; se notar que algum produto está próximo do vencimento, use-o logo ou passe para alguém que queira consumi-lo.

Compre somente o necessário, produtos que realmente use, e coloque os alimentos abertos em potes transparentes com etiquetas.

Use caixas organizadoras para separar os tipos de produtos e também etiquete-as – isso dá um charme, e fica muito mais simples encontrar o que precisa. Nesse sentido, organize os produtos por categorias, de maneira que os formatos se pareçam.

Separe um lugar específico para os produtos comestíveis e outro para os produtos de limpeza.

## PRODUTOS COMESTÍVEIS

- Enlatados: leite condensado, creme de leite, sardinhas, atum, milho-verde, extrato de tomate, leite em pó, achocolatados etc.
- Vidros: azeitona, palmito, champignon.
- Plásticos: maionese, *ketchup*, mostarda, molho de tomate.
- Pacotes de 500 g ou 1 kg: açúcar, feijão, arroz, café, farinha, sal, macarrão.
- Pacotes de bolachas doces e salgadas.
- Caixas: aveia e cereais. Obs.: creme de leite ou leite condensado em caixa devem ser colocados no compartimento das caixas. E assim também para outros seguimentos.

## PRODUTOS DE LIMPEZA

- Mesmo você tendo um armário específico para esses produtos, procure colocá-los em caixas organizadoras, de preferência todas iguais, mas adequando o tamanho aos espaços e aos produtos, para evitar vazamento de líquido diretamente no armário.
- Você pode organizar os itens do maior para o menor, pois assim enxergará tudo o que você tem. Procure organizá-los de acordo com os formatos e tipos: caixa (sabão em pó); garrafas plásticas (detergentes, desinfetantes, alvejantes); pacotes (sacos de lixo, lã de aço) etc.
- Os produtos que já estão em uso devem ficar num local mais visível e separado dos demais.

- Caso sobre algum produto na embalagem depois de aberto, coloque todos os pacotinhos numa caixa organizadora específica, fechando-os antes com prendedores ou amarrilhos.
- Toda vez que for repor os produtos, dê uma organizada geral em todos eles.
- Uma vez por mês, tire tudo das prateleiras e caixas organizadoras, limpe tudo e organize novamente.
- Guarde o aspirador de pó numa caixa plástica transparente em um armário ou prateleira.
- Tenha ganchos para pendurar vassouras, rodos, pá de lixo.
- Guarde panos de chão e panos de limpeza em uma gaveta ou armário próximo aos produtos de limpeza.
- Organize baldes e bacias próximos ao tanque.
- Não deixe produtos abertos e ao alcance das crianças.

**SUPERMERCADO**

Ir ao supermercado nem sempre é uma tarefa fácil. É preciso estar atento(a) às principais necessidades de sua casa para não exagerar nas compras ou esquecer de itens importantes!

- Antes de sair de casa, faça uma lista (no papel ou no celular) de tudo o que precisa; para isso, observe atentamente o que você já tem na geladeira e no *freezer*. Anote os itens que estão no fim ou já acabaram.
- Vá até a despensa e verifique sua lista de controle de entrada e saída de produtos. Se não tiver esse controle prévio, observe atentamente cada prateleira, pense nos itens que utiliza no dia a dia e veja aquilo que está terminando ou mesmo que já acabou. Evite anotar produtos que serão usados numa ocasião específica (como um almoço para amigos) se ainda estiver muito distante da data do evento (todos os produtos têm prazo de validade).
- Decida se fará a compra mensal ou semanalmente. Se a compra for mensal, não esqueça que necessitará de espaço para acomodar todos os produtos. Não esqueça também que frutas

e verduras terão que ser compradas semanalmente, pois elas não se conservam por muito tempo. Aliás, é preciso também decidir se prefere comprá-las no supermercado ou em algum hortifrúti ou feirinha do bairro – a vantagem de comprar na feirinha é que as frutas costumam ser mais frescas e você terá muito mais opções, porém, comprando no supermercado você economiza tempo. Sugiro que experimente ambas as opções para definir qual mais lhe agrada.

> **IMPORTANTE!**
> Ajude a nossa natureza: leve sacolas retornáveis para guardar suas compras. Se você ainda não as tiver, os próprios supermercados costumam vendê-las.

- Ao entrar no supermercado, procure não desviar a atenção daquilo que realmente precisa comprar, pois as ofertas são muitas e também tentadoras.
- Siga uma sequência de fileiras, observando os itens de sua lista. Em pouco tempo você saberá exatamente onde está cada item que costuma comprar.
- Analise de antemão o tempo que você terá disponível para essa atividade. Controlando o seu tempo, você conseguirá fazer toda sua compra sem precisar de tanta correria para tal. Não esqueça de já calcular o tempo que ficará na fila para pagar e empacotar as compras, como também o trajeto para casa.
- Acomode no "carrinho de compras" primeiro os itens mais pesados (produtos de limpeza, caixas de leite ou suco, cereais e também frutas e legumes mais firmes) e coloque os mais leves por cima.

- Quando estiver no setor de frutas, verduras e legumes, procure aqueles itens com o aspecto mais fresco. Se tiver alguma dúvida, procure a pessoa responsável pelo setor, que esta lhe ajudará.
- Deixe para comprar por último os produtos que precisam de refrigeração, como carnes, laticínios etc.

> **DICA!**
> Nos extras, ao final deste livro, há um **modelo de lista de supermercado** que você pode usar para se inspirar

# Refeições

Os momentos das refeições são sagrados. Essa frase é muito comum, mas, se observarmos seu real sentido, entenderemos o porquê de darmos tanta importância a isso. É um momento em que, antes de tudo, nos conectamos com Deus, agradecemos pelo alimento que teremos, pela saúde e pela família. Depois apreciamos, com os olhos e com o paladar, aquilo que foi preparado com carinho para nossa alimentação, e seremos gratos com aqueles que prepararam aquela refeição. Se foi você mesmo(a), sinta-se grato(a) por isso.

Algumas dicas são bem importantes para que esse momento seja prazeroso.

- Em primeiro lugar, sugiro que não coloque televisão nem leve equipamentos eletrônicos (celular, *tablet* etc.) para o ambiente das refeições. É preciso valorizar a comunicação verbal entre o casal inclusive nesses momentos.
- Tenha horários regulares para as refeições; isso gera o bom hábito de se alimentar na hora certa. Além de reforçar no casal o momento do "encontro".
- Sempre arrume a mesa como se estivesse esperando uma visita especial. Uma mesa bem-arrumada, em que se observam detalhes, é uma expressão de carinho com aquele(a) que vai

compartilhar a refeição com você. Coloque uma toalha bonita ou jogos americanos, pratos, talheres, guardanapos e um vaso de flor ou planta de que mais gosta.
- Use a criatividade na elaboração dos pratos – e lembre-se: um prato bonito e gostoso nem sempre precisa ser sofisticado.
- Procure fazer pratos mais saudáveis. Uma alimentação rica em nutrientes favorece o corpo e a mente.
- Evite desperdício. Às vezes, o que sobra do almoço pode se transformar no jantar ou ser utilizado no dia seguinte, contanto que seja bem-acondicionado e guardado na geladeira. Se for demorar mais tempo para usar a sobra, coloque-a no *freezer*.
- Aproveite esse momento para bater um bom papo, dar risadas, alimentar o vínculo entre o casal.
- Deixe os problemas para um momento mais apropriado – de preferência, depois de estarem relaxados.

## MESA ARRUMADA

Veja alguns exemplos de organização e decoração de mesas. Uma mais simples, porém aconchegante, e outra mais sofisticada.

- Uma mesa de café da manhã, por mais simples que seja, pode ter seu charme. É preciso estar atento(a) aos detalhes do que precisa compor essa mesa: jogo americano (ou toalha), talheres (garfo, faca e colher de chá), prato pequeno (sobremesa), xícara com pires, guardanapo e mais os alimentos que serão servidos. Tudo com carinho e delicadeza.
- Numa mesa de café mais sofisticada, você colocará uma toalha e/ou um jogo americano mais elaborados. Acrescente colher e taça para salada de frutas (se for servir salada), copos para suco, iogurte ou vitamina, espátulas para manteiga, patês e geleia, *sousplat* para dar mais charme à composição. Não esqueça de colocar um vaso de flor para dar delicadeza ao ambiente.
- Na mesa simples para o almoço ou jantar, não deixe de colocar um jogo americano ou toalha de mesa, pratos rasos (ou

fundos, se for servir sopa), talheres, copos para suco, guardanapos, colheres de serviço. E mesmo que coloque as panelas sobre a mesa, precisam estar com boa aparência para não quebrar o encanto do momento. Não esquecer dos descansos de panelas (a alta temperatura pode danificar a mesa).

- Uma mesa mais sofisticada para o almoço ou jantar precisa ter elementos mais elaborados. Mais delicadeza nos jogos americanos ou toalhas, guardanapos, copos ou taças. Se for servir uma entrada de caldo ou sopa, coloca-se um prato fundo ou tigelinha sobre o prato raso. Os alimentos deverão ser servidos em tigelas. Os talheres precisam estar na posição certa, ou seja, o garfo fica do lado esquerdo do prato e a faca do lado direito com o corte voltado para o prato. Se for servir sopa, coloque a colher ao lado da faca. A colher de sobremesa deve ficar acima do prato. Os copos e taças ficam no canto superior do lado direito. Um porta-guardanapo bonito faz toda diferença. E, para finalizar, um toque de frescor com flores naturais.

**RECEITAS BÁSICAS**

Quando pensamos em comida caseira, lembramos logo da comidinha de nossa mãe, de nossa avó. São lembranças eternizadas por momentos! O cheirinho do feijão fresquinho, do frango com batatas ou do picadinho de carne, parecem ter um sabor mais especial quando vêm acompanhados de lembranças. Além de sabor especial, a comida caseira pode ter ingredientes necessários para uma alimentação saudável e mais natural. Coloque nesses momentos algo que faz toda diferença no preparo: amor. O resultado será o sorriso daqueles que usufruirão dessa refeição.

**Dicas**

- **Descascar cebola (sem chorar):**
    - » Coloque a cebola por 15 a 20 minutos no congelador antes de picá-las. Diminui bastante o cheiro exalado por elas no momento do corte;
    - » Use uma faca afiada (mas tenha cuidado no manuseio);
    - » Corte-as num recipiente com água.
- **Descascar alho mais fácil:**
    - » Coloque alguns dentes de alho dentro de um pote com tampa e chacoalhe por alguns segundos. Abra o pote, retire as cascas soltas e repita o processo até finalizar;
    - » Outra forma de descascar é colocar a cabeça do alho no micro-ondas por 20 segundos, retirar com cuidado (vai estar quente) e descascá-lo. As cascas estarão mais soltas.
    - » Outra dica muito legal que sempre uso é fazer o tempero e já deixar pronto para uso da seguinte forma:
        - » 1 kg de cebola descascada e cortada em 4 pedaços
        - » 500 g de alho descascado
        - » 1 xícara de azeite

> 1 colher (café) de sal (esta quantidade não influenciará na quantidade utilizada em cada preparação).

Bata todos os ingredientes no liquidificador e despeje em formas de gelo (de preferência com tampa) e leve ao congelador. Se as formas não tiverem tampa, cubra com filme plástico. Quando for utilizar, retire um bloco congelado e coloque em um pires e leve ao micro-ondas por 30 segundos. Essa quantidade dará para o preparo de muitas refeições.

Antes de preparar qualquer alimento, separe os ingredientes. Se estiver faltando algum item, já anote para a próxima compra.

Deixarei aqui algumas receitinhas básicas que auxiliarão na sua criatividade para elaborar novas receitas. Estas são receitas que fazem parte da alimentação elementar dos brasileiros.

## ARROZ

O arroz pode ser branco ou colorido, caso acrescente açafrão, colorau, molho de tomate ou ervas finas. Pode também acrescentar, já na execução, calabresa picada, frango cozido desfiado ou uma carne picadinha previamente refogada. Tudo isso dará mais cor e sabor!

**Ingredientes**
- 1 xícara (chá) de arroz
- 1 cebola pequena picada
- 3 dentes de alho picados
- 1 colherzinha (café) de sal (ou sal a gosto)
- 2 colheres (sopa) de óleo ou azeite

**Modo de fazer**
- Coloque ½ litro de água para ferver.
- Refogue o alho e a cebola picados e o sal.

- Acrescente o arroz e refogue-o também.
- Coloque a água fervente, mexa e deixe cozinhar.
- Quando estiver quase seco, experimente o grão para ver se amoleceu; se não, acrescente um pouco mais de água e deixe cozinhar até secar.
- Está pronto para servir!

## FEIJÃO

O feijão, prato tão queridinho nas mesas brasileiras, tem uma grande variedade e possui uma série de vitaminas e minerais favoráveis à nossa saúde: ferro, cálcio, fósforo e potássio, além de fibras que auxiliam o sistema digestivo. Temos o feijão carioca, preto, fradinho, de corda, verde, branco, roxinho etc. Os mais consumidos são o carioca e o preto.

Mesmo um feijão básico pode ficar mais gostoso se você acrescentar na receita calabresa cortada em rodelas e/ou pedaços de carne charque ou jabá (previamente dessalgadas).

### DICA!

O feijão cozinha rapidinho se colocado em uma panela de pressão. Mas é necessário tomar alguns cuidados:
- Não encha a panela totalmente, no máximo ¾. Veja se ela mostra a marcação do nível;
- Feche a tampa de forma que a vedação da borracha esteja uniforme;
- Leve ao fogo. Após pegar pressão (o pino começa a chiar) abaixe o fogo;
- Após o tempo estabelecido, geralmente de 15 a 20 minutos de cozimento, desligue o fogo e deixe sair toda pressão pelo pino. **Só abra a tampa quando não houver mais pressão!**

## Ingredientes

- 2 xícaras (chá) de feijão carioca
- 1 litro de água
- 5 dentes de alho picados
- 1 cebola pequena picada
- Pimenta-do-reino e cominho moídos a gosto
- 1 colher (chá) de sal
- 2 colheres (sopa) de óleo

## Modo de fazer

- Coloque o feijão de molho na água por 2 horas (se for cozinhar na panela de pressão) ou 12 horas (se for cozinhar na panela comum).
- Escorra a água e reserve o feijão.
- Refogue a cebola e o alho picados e acrescente o sal.
- Adicione o feijão e refogue. Acrescente a pimenta-do-reino e o cominho.
- Coloque a água e leve ao fogo. Após 20 minutos (panela de pressão) ou 30 minutos (panela normal) observe se os grãos já estão macios e se precisa acrescentar sal ou água.
- Agora é só apreciar o seu delicioso feijão!

### DICA!

Caso queira fazer feijão para ser consumido durante a semana, cozinhe apenas com sal e deixe para temperá-lo no momento do consumo. Cozinhe, deixe esfriar e divida em potes (quantidade para o dia) e leve ao *freezer*. Para consumir, despeje o conteúdo numa tigela e leve ao micro-ondas por alguns minutos (2 ou 3 minutos inicialmente) e reserve. Faça o tempero já citado na quantidade proporcional, refogue e despeje o feijão deixando-o refogar para pegar o sabor do tempero.

## MACARRONADA

Quem não aprecia uma boa macarronada?! Prato simples de executar e que agrada a maioria dos paladares, geralmente é feito pra unir a família em um dia de domingo. Variados tipos de massas e molhos saborosos nos dão a certeza de uma perfeita combinação entre a degustação e os sorrisos de felicidade. Uma dica importante: use somente o garfo para comer macarronada. Enrole-a cuidadosamente e leve à boca.

### Ingredientes
- 1 litro de água
- ⅓ do pacote de macarrão
- 1 colher (sopa) de óleo
- 1 pitada de sal

### Modo de fazer
- Coloque a água para ferver com o óleo e, quando ela tiver fervido, acrescente a massa escolhida.
- Tire um fio do macarrão, corte-o ao meio e veja se está cozido por dentro (se já estiver cozido, estará esbranquiçado).
- Deixe-o escorrendo; em seguida, lave-o e acrescente o molho de sua preferência (veja duas sugestões a seguir).

## MOLHO VERMELHO

### Ingredientes
- 1 tomate maduro picado
- 1 cebola pequena picada
- 5 dentes de alhos picados ou amassados
- Sal a gosto
- 2 colheres de extrato ou molho de tomate
- 1 calabresa picada (opcional)

**Modo de fazer**
- Coloque a calabresa picada num vasilhame de vidro e leve ao micro-ondas por 2 minutos (use a tampa de proteção do micro-ondas).
- Refogue com óleo ou azeite a cebola picada, o alho picado ou amassado e o sal; depois acrescente o tomate picado.
- Acrescente a calabresa, o molho de tomate, um pouco de água e deixe refogar.
- Lave o macarrão que estava escorrendo (para que ele fique soltinho).
- Coloque o macarrão no molho, misture bem e sirva-o.

## MOLHO BRANCO

**Ingredientes**
- ½ litro de leite
- 1 cebola pequena picada
- 3 dentes de alho picados
- 1 caixinha de creme de leite
- 2 colheres (sopa) de azeite
- 1 colher (sopa) de amido de milho (a popular maisena)
- Pimenta-do-reino e cominho a gosto
- Queijo muçarela ou parmesão ralado
- Sal a gosto

**Modo de fazer**
- Refogue o alho e a cebola picados com o sal e o azeite.
- À parte, dissolva o amido de milho em ½ xícara de leite.
- Despeje o leite e o amido na panela e mexa para não embolar.
- Adicione a pimenta-do-reino e o cominho.
- Desligue a panela, acrescente o creme de leite e misture bem.
- Adicione o macarrão previamente cozido.
- Ao servir, coloque queijo muçarela ou parmesão ralado.
- Experimente a delícia que você fez!

## BIFE ACEBOLADO

Além de ser fácil de fazer, o bife acebolado complementa qualquer refeição. Pode até ser colocado em um pãozinho de sal que vai agradar aos mais finos paladares. Experimente esta receita prática, você vai amar!

### Ingredientes
- 4 a 6 bifes de alcatra ou contrafilé
- 1 cebola grande
- 6 dentes de alho amassados
- Sal a gosto
- Azeite
- Pimenta-do-reino e cominho a gosto

### Modo de fazer
- Um a um, coloque os bifes numa tábua de carne e passe um pouco de sal de ambos os lados.
- Passe o alho amassado, metade da cebola picada, a pimenta-do-reino e o cominho também dos dois lados dos bifes.
- Coloque um pouco de azeite, misturando todos os bifes juntos.
- Adicione azeite numa frigideira e também os bifes já temperados, e leve ao fogo, virando-os de vez em quando.
- Depois cubra os bifes com o restante da cebola cortada em rodelas finas, tampe e deixe por alguns minutos.
- Sirva-os com arroz ou macarrão.

### DICAS!
Ao comprar a carne, peça ao açougueiro que já corte os bifes; isso facilitará muito o seu trabalho na cozinha. Ele poderá, também, cortar as misturas que você usará durante a semana e já separar em saquinhos a quantidade diária. Por exemplo:

- 400 g de carne em cubinhos (patinho)
- 400 g de carne em bife (contrafilé, alcatra ou filé mignon)
- 400 g de carne em bife para bife de panela (patinho ou colchão mole)
- 400 g de filé de frango
- 400 g de peito de frango em cubinhos
- ½ frango cortado nas juntas
- 400 g de filé de tilápia
- 400 g de linguiça toscana

Obs.: não congele a carne temperada, pois ao descongelar perderá o seu sabor natural. Deixe para temperá-la no momento do preparo.

## PICADINHO DE FRANGO

O frango é um alimento muito versátil, você pode utilizá-lo no dia a dia em pratos de simples elaboração, como também em pratos sofisticados da alta gastronomia.

Experimente essa receita fácil, na qual podem ser acrescentadas batatas, cenouras e azeitonas. Fica uma delícia!

**Ingredientes**
- 2 peitos de frango cortados em cubinhos
- 1 cebola média picada
- 1 tomate picado
- 5 dentes de alho picados ou amassados
- 1 sachê de molho de tomate
- Pimenta-do-reino e cominho (moídos)
- 1 pedaço de pimentão (verde, vermelho e amarelo) picado

- Sal a gosto
- 2 ou 3 colheres (sopa) de azeite ou óleo de soja
- Água

**Modo de fazer**
- Refogue o alho e a cebola picados junto com o sal e o azeite ou óleo.
- Acrescente o tomate, os pimentões e refogue.
- Coloque o frango, a pimenta e o cominho e refogue até ficar um pouco dourado.
- Coloque água suficiente para cobrir o frango e, em seguida, acrescente o molho de tomate. Mexa e tampe deixando cozinhar por 20 minutos, mexendo de vez em quando. Experimente para avaliar a quantidade de sal.
- Saboreie o seu delicioso frango!

## BOLO SALGADO

Sabe aquele dia que você precisa de algo prático e gostoso para servir no lanche da tarde, ou mesmo aquele prato que precisa ser levado numa festinha do trabalho ou com os amigos? Pois é, o bolo salgado tem essa versatilidade para qualquer ocasião. Experimente!

**Ingredientes**
*Massa*
- 4 ovos
- 2 xícaras de farinha de trigo
- 2 copos grandes de leite
- 1 xícara de óleo
- 1 colherzinha (café) de sal
- 1 colher (sopa) de fermento

*Recheio*
- 2 peitos de frango cozidos e desfiados
- 1 cebola média picada
- 5 dentes de alho amassados ou picados
- 2 tomates picados
- 2 tabletes de caldo de frango
- 1 sachê de molho de tomate
- Pimenta-do-reino e cominho a gosto
- 1 lata de milho-verde
- Óleo ou azeite
- Orégano

## Modo de fazer
*Recheio*
- Refogue o alho e a cebola no óleo ou azeite.
- Coloque os tomates, a pimenta e o cominho e refogue.
- Coloque o molho de tomate e os tabletes de caldo no tempero refogado, mexendo sempre até dissolver tudo.
- Acrescente ao molho uma xícara de água, o frango desfiado e o milho-verde.
- Mexa tudo, desligue o fogo e reserve.

*Massa*
- Coloque no liquidificador os ovos, o leite, o óleo e o sal, e bata bem.
- Acrescente a farinha de trigo e bata bem.
- Acrescente o fermento e bata um pouco para misturar.

## Montagem
- Numa forma retangular, untada com manteiga e polvilhada com farinha de trigo, despeje ⅓ da massa.
- Mexa a assadeira para que a massa se espalhe por todo o fundo.
- Coloque o recheio, espalhando-o sobre a massa.
- Coloque o restante da massa sobre o recheio.

- Espalhe com os dedos um pouco de orégano sobre a massa.
- Leve ao forno preaquecido por 40 a 50 minutos.
- Sirva ainda quentinho!

> **DICA!**
> Antes de levar ao forno qualquer alimento, ligue-o fazendo um preaquecimento de 10 a 15 minutos, para que a temperatura fique adequada para o assado. O forno quentinho possibilita melhor ação dos fermentos nas massas (pães e bolos).

Depois do almoço ou do jantar, uma sobremesa é sempre bem-vinda! E um bolo quentinho no café da tarde adoça a vida e libera a produção de seretonina (substância que possibilita a melhora do humor). Veja estas receitas de sobremesa:

## BOLO GELADO DE COCO

**Ingredientes**
- 1 lata de leite condensado
- 1 lata de creme de leite
- 1 vidro de leite de coco ou 1 copo de leite comum
- 200 g de coco ralado fresco ou industrializado
- 4 colheres (sopa) de amido de milho
- 2 bolos de coco tipo "Pullman"

**Modo de fazer**
- Coloque o leite numa panela e dissolva o amido de milho.
- Acrescente o leite condensado e misture.
- Leve ao fogo e vá mexendo com uma colher plástica ou madeira até ficar com uma consistência engrossada.
- Desligue o fogo e acrescente o creme de leite, mexendo bem.

- Corte os bolos em fatias não muito finas.
- Num refratário, alterne camadas de bolo, creme e coco ralado. Finalize com o coco ralado.
- Leve à geladeira e sirva quando já estiver gelado.

> **DICA!**
> Você pode trocar o sabor do bolo de coco por chocolate e acrescentar o chocolate em pó quando estiver fazendo o creme.

## SOBREMESA GELADA DE ABACAXI

**Ingredientes**
- 1 abacaxi pérola maduro
- 2 caixinhas de mistura para pudim de baunilha
- 1 lata de creme de leite, sem o soro
- 2 colheres (sopa) de açúcar

**Modo de fazer**
- Descasque o abacaxi e retire o miolo, que será descartado.
- Corte o abacaxi em cubinhos e acrescente 2 copos grandes de água. Deixe por no mínimo 2 horas na geladeira.
- Coe numa peneira os cubinhos de abacaxi, colocando uma panela para aparar a água e reserve-a.
- Siga as instruções de preparo da mistura para pudim, substituindo o leite pela água do abacaxi, e acrescente as colheres de açúcar.
- Acrescente o creme de leite ao creme do pudim e mexa bem.
- Num refratário coloque os cubinhos de abacaxi e, sobre eles, o creme, misturando-os bem.
- Leve ao *freezer* para gelar por 2 horas e, então, estará pronto para servir.

## BOLO DE IOGURTE

### Ingredientes
- 4 ovos
- 1 copo de iogurte natural
- ½ copo (usar o copo do iogurte) de óleo
- 2 copos (usar o copo iogurte) de farinha de trigo
- 1 copo de açúcar (usar o copo iogurte)
- 1 colher (sopa) de fermento

### Modo de fazer
- Coloque no liquidificador os ovos, o açúcar, o óleo e o iogurte, e bata bem.
- Acrescente a farinha de trigo e bata bem.
- Acrescente o fermento e bata um pouco para misturar.
- Unte uma forma (de buraco no meio) com manteiga e polvilhe com farinha de trigo. Você também pode polvilhar com açúcar.
- Despeje na forma e leve ao forno preaquecido por 30 a 40 minutos.

## BOLO DE CENOURA

### Ingredientes
*Massa*
- ½ xícara (chá) de óleo
- 3 cenouras médias picadas
- 4 ovos
- 2 xícaras (chá) de açúcar
- 2 xícaras de farinha de trigo
- 1 colher (sopa) de fermento em pó

*Cobertura*
- 1 colher (sopa) de manteiga
- 3 colheres (sopa) de chocolate em pó
- 1 xícara de açúcar

> **DICA!**
> Se desejar uma cobertura mais molinha, acrescente 5 colheres (sopa) de leite.

## Modo de fazer
*Massa*
- Coloque no liquidificador os ovos, o óleo, o açúcar e a cenoura, e bata bem.
- Acrescente o fermento e bata um pouco para misturar.
- Leve ao forno preaquecido por 30 a 40 minutos.
- Após assar, coloque em uma boleira ou prato e reserve.

*Cobertura*
- Numa panela, coloque todos os ingredientes e leve ao fogo baixo, mexendo sempre até ficar no ponto de calda.

## Montagem
- Cubra o bolo com a calda e aproveite essa delícia!

# Planejamento financeiro

Uma vida equilibrada financeiramente é essencial para um bom relacionamento. Antes, cada um pensava nos seus próprios gastos, nas suas próprias necessidades. Ao se casar, os gastos eventualmente se multiplicam. Aqui não importa se os dois trabalham, mas como farão para sobreviver com o valor que entra na conta. O importante será planejar com eficiência as despesas e receitas. Se ambos trabalham, é preciso fazer uma divisão das contas proporcionais ao salário de cada um. A transparência é fundamental para que isso dê certo. A partir do momento que há um diálogo entre o casal sobre esse tema, tudo fica mais fácil. Nesse diálogo, o casal compreenderá melhor as necessidades de cada um, assim como sonhos, planos, desejos. Deixarei a seguir algumas dicas essenciais para o sucesso do planejamento financeiro do casal.

- Elaborem um planejamento financeiro no início do casamento.
- Dialoguem sobre despesas e receitas.
- Tenham transparência em relação aos gastos individuais.

- Dividam os gastos da casa de maneira proporcional ao salário de cada um.
- Reservem uma parte dos recebimentos para planejamentos futuros (viagem, festa, compra de carro, compra ou reforma de casa, emergências, gastos de início e final de ano etc.).
- Separem uma parte dos recebimentos para investimentos.
- Escrevam numa agenda os gastos corriqueiros.
- Procurem sempre pagar o valor total da fatura do cartão de crédito; o pagamento do valor mínimo gera uma espécie de financiamento do saldo devedor com taxas de juros altíssimas, que influenciarão diretamente sua vida financeira.
- Evitem usar o limite da sua conta bancária. Ao utilizá-lo, a dívida passa a ser paga com juros e outros encargos, os quais são bastante elevados.
- Busquem juntar o valor necessário para adquirir aquilo de que precisam. Só parcelem o valor no cartão de crédito se realmente for muito necessário!
- Façam uma planilha conjunta em que ambos possam sempre analisar os valores que entram em contraposição com os valores que saem.

**IMPORTANTE!**

É preciso frisar que, para esse planejamento dar certo, é essencial que os dois se comprometam e busquem juntos soluções para os problemas. É necessário também ter os pés no chão, sabendo exatamente o valor que cada um pode gastar individualmente, sem comprometer as despesas coletivas.

Nos extras, ao final deste livro, há um modelo de planilha de despesas que pode lhe servir de inspiração. Viver com equilíbrio é viver muito mais feliz!

# Lazer e diversão

Namorar, brincar, passear e dar boas gargalhadas podem ser ações cotidianas no relacionamento conjugal. É preciso cultivar o bom humor e a vontade de fazer o outro feliz. Procure ter atitudes que surpreendam, agradem e façam seu cônjuge sorrir.

Incluir lazer na vida a dois não precisa necessariamente incluir despesas. Programem-se para a assistir a bons filmes, fazer um jantarzinho romântico, dar uma volta na praça de mãos dadas, brincar com um jogo de tabuleiro, almoçar na varanda do apartamento ou da casa etc. Usem a criatividade e não deixem a rotina tirar a alegria e o prazer que pode ser vivido no dia a dia. A rotina faz parte da nossa vida, ela só não precisa ser um peso.

Além dessas formas de lazer que descrevi anteriormente, há aquelas que, apesar de terem algum custo, valem a pena programar. Uma viagem longa ou curta; um passeio ao *shopping*, cinema ou teatro; uma refeição num restaurante que tenha sua comida preferida; uma visita na casa de amigos (de preferência também casados) ou de um parente.

Aliás, ter boas amizades nos possibilita momentos de descontração e felicidade, mas lembre-se: para ter é preciso cultivar – seja com aquele bolo gostoso que você sabe que seu(sua) amigo(a) gosta, um cafezinho da tarde para o qual você o(a) convida, simplesmente para trocar sorrisos e conversas, ou simplesmente uma ligação telefônica lhe dedicando alguns momentos. Tudo isso fortalece uma boa amizade.

Não podemos esquecer também dos *hobbies* individuais que trazem leveza à rotina. Andar de bicicleta, fazer caminhada, fazer um curso de culinária, corte e costura, bordado, jogar futebol ou tênis, ler um bom livro, ir ao salão de beleza, cuidar do corpo com aulas de dança ou academia, todas essas são coisas importantes para a sua felicidade. É preciso respeitar a individualidade de cada um com confiança e cumplicidade. Se você quer usufruir dessas possibilidades, tem que dar espaço para que o outro faça o mesmo.

Problemas sempre existirão e precisam ser conversados. Às vezes você precisará falar e muitas vezes precisará ouvir. Resiliência e serenidade são fundamentais para se ter um bom relacionamento. Você não tem que aceitar os erros do outro, mas sim ajudá-lo a enxergá-los, porque, nessa análise, você pode perceber que o erro na verdade é seu. Se for necessário, busque pessoas mais experientes para dar conselhos, principalmente aquelas que falam com sinceridade e que tenham Deus no coração. Estas terão as palavras certas nos momentos certos.

Além da possibilidade de consultar um profissional (psicólogo ou terapeuta) que o auxilie nessas questões.

Então tenha o seu cônjuge como aquele amigo inseparável. Aquele(a) a quem, além de tempo e carinho, você deverá dedicar o seu sorriso, a sua alegria. O sorriso ilumina, a alegria contagia e torna o ambiente leve e agradável ao coração e à mente. Seja feliz! Faça o outro feliz!

# EXTRAS

Colocarei aqui algumas listas e planilhas que lhe ajudarão a clarear as ideias para criar suas próprias listas e planilhas, de acordo com as suas necessidades e o seu tempo. Quero lembrar que é preciso ter força de vontade para fazer o seu tempo ser utilizado com eficiência. Acordar cedo e planejar o seu dia trará excelentes resultados. Coloque prazer em tudo o que faz e seja honesto(a) consigo mesmo(a), fazendo aquilo de que é capaz. Você se surpreenderá com as maravilhas que pode fazer! Seja muito, muito feliz!

# LISTA DE UTENSÍLIOS DOMÉSTICOS

## COZINHA

### A
Abridor de latas/garrafas
Açucareiro
Afiador de facas
Assadeiras (pequena, média e grande)
Avental

### B
Bacias (vários tamanhos)
Balde e pegador de gelo
Baldes com tampas para recolher roupas lavadas
Baldes com tampas para armazenar roupas sujas
Baldes para limpeza geral
Bandejas
Batedor de ovos
Biscoiteira
Boleira

### C
Canecas
Cesto para pães
Colher de pau (tamanhos diversos)
Conjunto de colheres para servir
Conjunto de escumadeiras
Conjunto de facas
Conjunto de louças para almoço e jantar
Conjunto de louças para o café
Conjunto de panelas
Conjunto de peneiras
Conjunto de copos e taças
Copos medidores
Cortador de bolo
Cortador de pizza
Cuscuzeira

### D
Descansos de panelas
Descansos para copos
Descascador de legumes e frutas

### E
Escorredor de louças
Escorredor de macarrão
Espátula para bolo
Espátulas para manteiga e patê
Espremedor de alho
Espremedor de batatas
Espremedor de limão

### F
Faqueiro
Formas de bolo retangular (pequena, média, grande)
Forma de bolo redonda

Forma de bolo redonda com furo no meio
Forma de gelo (geralmente já vem na geladeira)
Forma de pizza
Forma de pudim
Fruteira

## G
Garrafa térmica

## J
Jarras para água, suco
Jogos americanos

## L
Leiteira
Lixeira para pia
Lixeiras para banheiros
Lixeiras grandes (lixo orgânico e lixo reciclável)
Luva de borracha
Luva térmica (cozinha)

## M
Manteigueira
Moedor de pimenta
Molheira

## P
Pá de lixo
Paliteiro
Panelas de pressão pequena e média
Panos de chão

Panos de bandeja
Panos de mão ou bate-mão
Panos de pia
Panos de prato
Passadeiras
Pegador de sorvete
Pegadores de massa e salada
Pincel para massas
Potes para mantimentos
Porta-condimentos
Porta-detergente e sabão
Porta-frios
Porta-guardanapos
Potes plásticos (vários tamanhos)
Pregadores para embalagens
Pregadores para roupas

## Q
Queijeira

## R
Ralador
Refratários
Relógio de parede
Rodinho de pia
Rodo

## S
Saca-rolhas
Saladeira
Saleiro/pimenteiro
*Sousplats*

### T

Tábua de carne
Tábua de passar roupas
Taças para sorvete e salada de frutas
Tapetes
Tesoura
Tigelas (vários tamanhos)
Toalhas de mesa
Travessas e porcelanas para servir

### V

Vassouras

### ELETRODOMÉSTICOS PORTÁTEIS

Batedeira
Cafeteira
Espremedor de laranjas
Ferro elétrico
*Grill*
Liquidificador
Sanduicheira

### CAMA, MESA E BANHO

#### Cama

Almofadas
Coberta de *piquet*
Cobertor
Colchas
Edredons
Jogos de lençóis e fronhas
Manta
Protetor de colchão
Protetor de travesseiro
Saia para cama-box
Tapetes
Travesseiros

#### Mesa

Guardanapos de tecido
Jogos americanos de uso diário e finos
Toalhas de uso diário e especiais

#### Banho

Chinelos
Conjunto de toalhas de banho
Conjunto de toalhas para o lavabo
Roupões
Tapetes de banheiro
Toalhas para piscina ou praia
Toalhinhas (maquiagem)

## LISTA DE SUPERMERCADO

| Qtde. | ALIMENTOS NÃO PERECÍVEIS |
|---|---|
| | Achocolatado |
| | Açúcar |
| | Amido de milho |
| | Arroz |
| | Azeite |
| | Azeitona |
| | Biscoitos |
| | Café |
| | Chá |
| | Champignon |
| | Creme de leite |
| | Ervilha em conserva |
| | Farinha de milho |
| | Farinha de trigo |
| | Farinha de mandioca |
| | Farinha de rosca |
| | Feijão |
| | Fermento |
| | *Ketchup* |
| | Leite condensado |
| | Macarrão |
| | Maionese |
| | Milho-verde em conserva |
| | Molho de tomate |
| | Óleo |
| | Parmesão ralado |

| | |
|---|---|
| | Sal |
| | Temperos prontos e especiarias |
| | Vinagre |

| Qtde. | ALIMENTOS PERECÍVEIS |
|---|---|
| | Bacon |
| | Carne (suína, bovina, aves e pescados) |
| | Embutidos |
| | Iogurte |
| | Leite |
| | Linguiça fresca |
| | Linguiça calabresa |
| | Manteiga/margarina |
| | Muçarela e outros queijos |
| | Ovos |
| | Pães |
| | Requeijão cremoso |

| Qtde. | PRODUTOS DE HIGIENE PESSOAL E LIMPEZA |
|---|---|
| | Absorventes |
| | Água sanitária |
| | Álcool |
| | Álcool gel |
| | Amaciante de roupas |
| | Condicionador |
| | Creme dental |
| | Desinfetante |

|   |   |   |   |
|---|---|---|---|
|   | Desodorante |   | Alface |
|   | Desodorizador sanitário |   | Alho |
|   | Detergente |   | Banana |
|   | Esponja de aço |   | Banana-da-terra |
|   | Esponja plástica |   | Batata-doce |
|   | Filme plástico |   | Batata-inglesa |
|   | Filtro para café |   | Beterraba |
|   | Fio dental |   | Cebola |
|   | Fósforo |   | Cenoura |
|   | Guardanapo |   | Chuchu |
|   | Inseticida |   | Coentro |
|   | Limpador multiuso |   | Couve |
|   | Lustra-móveis |   | Kiwi |
|   | Luvas de borracha |   | Laranja |
|   | Palito de dente |   | Limão |
|   | Papel-alumínio |   | Maçã |
|   | Papel higiênico |   | Mamão |
|   | Papel toalha |   | Mandioca |
|   | Sabão em barra |   | Maracujá |
|   | Sabão em pó para limpeza |   | Melancia |
|   | Sabão em pó/líquido para roupas |   | Melão |
|   |   |   | Pera |
|   | Sabonetes |   | Pimenta |
|   | Sacos para lixo orgânico |   | Pimentão |
|   | Sacos para lixo reciclável |   | Repolho |
|   | Sacos para lixo de banheiro/pia |   | Rúcula |
|   |   |   | Salsão |
|   | *Shampoo* |   | Salsinha |

| Qtde. | FRUTAS, LEGUMES E VERDURAS |   |
|---|---|---|
|   | Abacate |   |
|   | Abacaxi |   |

|   |   |
|---|---|
|   | Tangerina |
|   | Tomate |
|   | Uva |
|   | Vagem |

Ih, casei! • **91**

# PLANILHA DE DESPESAS

| DESPESAS FIXAS | | | | | |
|---|---|---|---|---|---|
| **Favorecido** | **Mês 1** | **Mês 2** | **Diferença** | **Em %** | **Vencimento** |
| Telefone celular | | | | | |
| Telefone celular (cônjuge) | | | | | |
| Telefone residencial | | | | | |
| Condomínio | | | | | |
| Luz | | | | | |
| Gás | | | | | |
| Água | | | | | |
| Aluguel | | | | | |
| Diarista ou empregada doméstica | | | | | |
| Plano de saúde | | | | | |
| | | | | | |
| | | | | | |
| **Subtotal (fixas)** | | | | | |

| DESPESAS VARIÁVEIS | | | | | |
|---|---|---|---|---|---|
| **Favorecido** | **Mês 1** | **Mês 2** | **Diferença** | **Em %** | **Vencimento** |
| **Geral** | | | | | |
| Cartão de crédito | | | | | |
| Cartão de crédito (cônjuge) | | | | | |
| Investimento | | | | | |
| Lazer | | | | | |
| Poupança para despesas extras | | | | | |
| | | | | | |
| **Subtotal** | | | | | |

| DESPESAS VARIÁVEIS | | | | | | |
|---|---|---|---|---|---|---|
| Impostos e taxas diversas | | | | | | |
| Tarifas bancárias | | | | | | |
| Tarifas bancárias (cônjuge) | | | | | | |
| IPTU (casa, apartamento) | | | | | | |
| IPVA | | | | | | |
| | | | | | | |
| **Subtotal** | | | | | | |
| Cursos diversos e/ou *hobbies* | | | | | | |
| Curso de inglês | | | | | | |
| Academia | | | | | | |
| | | | | | | |
| **Subtotal** | | | | | | |
| | | | | | | |
| **Subtotal (variáveis)** | | | | | | |
| | | | | | | |
| **Despesas fixas** | | | | | | |
| **Despesas variáveis** | | | | | | |
| **TOTAL DE DESPESAS** | | | | | | |

| ENTRADAS DIVERSAS | | | | | |
|---|---|---|---|---|---|
| **Fonte pagadora** | **Mês 1** | **Mês 2** | | | |
| Salário | | | | | |
| Salário (cônjuge) | | | | | |
| Outras | | | | | |
| | | | | | |
| **TOTAL DE ENTRADAS** | | | | | |

Obs.: Foram colocados mês 1 e 2 na planilha para sempre haver uma análise entre despesas e receitas do mês atual e o anterior. Fica a critério de cada um.

## PLANILHA DE TAREFAS DIÁRIAS

| 🕐 | 2ª FEIRA | 3ª FEIRA | 4ª FEIRA | 5ª FEIRA | 6ª FEIRA | SÁBADO |
|---|---|---|---|---|---|---|
| 7h30 | Fazer o café<br>Levar o lixo para fora | Fazer o café<br>Levar o lixo para fora | Fazer o café<br>Levar o lixo para fora | Fazer o café<br>Levar o lixo para fora | Fazer o café<br>Levar o lixo para fora | Fazer o café<br>Levar o lixo para fora |
| 8h10 | Tomar café<br>Lavar, enxugar e guardar a louça do café | Tomar café<br>Lavar, enxugar e guardar a louça do café | Tomar café<br>Lavar, enxugar e guardar a louça do café | Tomar café<br>Lavar, enxugar e guardar a louça do café | Tomar café<br>Lavar, enxugar e guardar a louça do café | Tomar café<br>Lavar, enxugar e guardar a louça do café |
| 8h40 | Varrer áreas externas<br>Molhar as plantas | Limpar a sacada | Molhar as plantas | Fazer compras de açougue e hortifrúti | Recolher roupas sujas e pôr para lavar<br>Recolher lixo dos banheiros | Varrer áreas externas<br>Molhar as plantas |
| 9h20 | Trocar roupas de cama<br>Recolher roupas sujas e pôr para lavar<br>Recolher lixo dos banheiros | Limpar a copa | Lavar o banheiro do casal | Fazer compras de açougue e hortifrúti | Limpar e organizar geladeira | Retirar o lixo dos banheiros<br>Recolher as roupas sujas |
| 10h | Limpar a sala | Lavar banheiro | Limpar o quarto do casal<br>Recolher lixos e roupas sujas | Higienizar, secar e guardar vegetais<br>Porcionar carnes para congelar | Retirar a roupa da máquina e estender | Dar uma geral na casa, observando itens fora do lugar |
| 11h | Fazer o almoço<br>Arrumar a mesa<br>Lavar, enxugar e guardar utensílios utilizados | Fazer o almoço<br>Arrumar a mesa<br>Lavar, enxugar e guardar utensílios utilizados | Fazer o almoço<br>Arrumar a mesa<br>Lavar, enxugar e guardar utensílios utilizados | Fazer o almoço<br>Arrumar a mesa<br>Lavar, enxugar e guardar utensílios utilizados | Fazer o almoço<br>Arrumar a mesa<br>Lavar, enxugar e guardar utensílios utilizados | Fazer o almoço<br>Arrumar a mesa<br>Lavar, enxugar e guardar utensílios utilizados |
| 12h30 | Almoço | Almoço | Almoço | Almoço | Almoço | Almoço |

| ⏰ | 2ª FEIRA | 3ª FEIRA | 4ª FEIRA | 5ª FEIRA | 6ª FEIRA | SÁBADO |
|---|---|---|---|---|---|---|
| 13h20 | Lavar, enxugar e guardar a louça do almoço<br><br>Arrumar a cozinha | Lavar, enxugar e guardar a louça do almoço<br><br>Arrumar a cozinha | Lavar, enxugar e guardar a louça do almoço<br><br>Arrumar a cozinha | Lavar, enxugar e guardar a louça do almoço<br><br>Arrumar a cozinha | Lavar, enxugar e guardar a louça do almoço<br><br>Arrumar a cozinha | Lavar, enxugar e guardar a louça do almoço<br><br>Arrumar a cozinha |
| 15h20 | Recolher a roupa lavada, dobrar e colocar em cestos ou baldes com tampa | Organize sua agenda financeira | Passar roupa | Fazer supermercado e organizar as compras | Recolher a roupa lavada | Fazer gostosuras para o fim de semana |
| 15h40 | Lavar o lavabo | Limpar um quarto | Passar roupa | Fazer supermercado e organizar as compras | Passar roupa | Fazer gostosuras para o fim de semana |
| 17h | Fazer o jantar<br><br>Lavar utensílios utilizados<br><br>Arrumar a mesa<br><br>Após o jantar, lavar a louça | Fazer o jantar<br><br>Lavar utensílios utilizados<br><br>Arrumar a mesa<br><br>Após o jantar, lavar a louça | Fazer o jantar<br><br>Lavar utensílios utilizados<br><br>Arrumar a mesa<br><br>Após o jantar, lavar a louça | Fazer o jantar<br><br>Lavar utensílios utilizados<br><br>Arrumar a mesa<br><br>Após o jantar, lavar a louça | Fazer o jantar<br><br>Lavar utensílios utilizados<br><br>Arrumar a mesa<br><br>Após o jantar, lavar a louça | Fazer o jantar<br><br>Lavar utensílios utilizados<br><br>Arrumar a mesa<br><br>Após o jantar, lavar a louça |
| Observações | Antes de dormir, ver o cardápio do dia seguinte, tirar a mistura do *freezer* e colocar na geladeira | Antes de dormir, ver o cardápio do dia seguinte, tirar a mistura do *freezer* e colocar na geladeira | Antes de dormir, ver o cardápio do dia seguinte, tirar a mistura do *freezer* e colocar na geladeira | Antes de dormir, ver o cardápio do dia seguinte, tirar a mistura do *freezer* e colocar na geladeira | Antes de dormir, ver o cardápio do dia seguinte, tirar a mistura do *freezer* e colocar na geladeira | Aproveitem para curtir um programa a dois |

Esta obra foi composta em Utopia Std 10,5 pt e
impressa em papel Offset 90 g/m² pela gráfica Lis.